ESTOICISMO Y DUREZA MENTAL

DESCUBRE LOS SECRETOS PSICOLÓGICOS DE LA
FILOSOFÍA ESTOICA EN LA VIDA MODERNA.
CONSTRUIR UNA AUTODISCIPLINA
INQUEBRANTABLE Y HÁBITOS DIARIOS QUE
GARANTICEN EL ÉXITO

BENITO MANRIQUE

ÍNDICE

INTRODUCCIÓN

Estimado lector ante todo quiero darte una cordial bienvenida, tienes en tu poder una de las guías más completas que vas a encontrar sobre el tema de superación personal, en este sentido quiero que estés preparado para encontrarte con una contextualización de uno de los sistemas de pensamientos más antiguos, cuyos postulados pueden ser reconsiderados en la actualidad y ponerlos en prácticas, pese al cisma cultural que puede existir entre la sociedad donde se originó esta escuela de pensamiento, y el mundo moderno en el contexto occidental del siglo XXI.

Estoy hablando como bien nos ha indicado el titulo sobre la filosofía estoica, esta escuela de pensamiento que nació en los albores del siglo tres antes de la era cristiana, y cuyo pensamiento perdura hasta nuestros días, sin embargo, este sistema filosófico como escuela se mantuvo en auge aun muchos años después de la era cristiana.

En las líneas que componen este volumen encontrarás de forma muy didáctica pero sin perder la esencia de lo que se trata de reflejar (la felicidad y la superación personal) la historia del surgimiento de esta escuela filosófica, pasando por su proceso histórico y desde luego algunas reseñas relacionadas con los más insignes personajes que influenciaron con sus doctrinas filosóficas el mundo griego, y que siguen impactando el mundo moderno.

¿Por qué el estoicismo como medio de la superación personal?

Es este enfoque el que hace más interesante todo este asunto, como podrás ver en detalle más adelante esto no es un simple tratado de superación personal, sino que es la guía que podrás utilizar el resto de tu vida cuando la mente se esté yendo por caminos infructuosos y te esté arrojando una vez más en los lazos del desazón.

Y esto anterior lo digo no porque aquí se encuentre el elixir de la felicidad, ya que la felicidad es un constructo que corresponde a las situaciones particulares de cada individuo buscar, desarrollar y en consecuencia vivir, es este sentido he desarrollado todo un tema en los primeros capítulos. Es que no podemos encerrar un término como la felicidad en una sola definición, esto sería por demás irresponsable.

La felicidad es un asunto amplio que se hace necesario evaluar desde una óptica más objetiva, de manera que puedas contextualizar los principios de la misma a tu propia vida. Tratar de definir felicidad se hace realmente difícil sobre todo en un mundo tan superfluo como el moderno en el que la felicidad se ha limitado a un simple asunto de sentimentalismos que si bien pueden estar presente en un estado de felicidad, igualmente pueden aparecer en el más triste y desventurado de los seres humanos, así que si decimos que la felicidad se refiere a esos sentimientos al hablar de felicidad estaríamos enfrentándonos al tema más fugaz de la historia.

Me refiero fundamentalmente a la confusión no sé si por accidente, o no sé si adrede, que se hace entre felicidad y alegría, la alegría es una sensación muy superflua, movible, de hecho la mejor manera de reflejar este asunto es señalar que la alegría no es más que una emoción generada por un sentimiento, mientras que la felicidad es un estado, es constante, se mantiene sobre cualquier situación y en cualquier adversidad.

Más adelante, te entregaré todo un análisis serio y objetivo sobre otro asunto que requiere una especial atención, me refiero a la mente positiva, sobre esto ha surgido un sinfín de ideas y planteamientos verdaderamente dislocados, y lo aclararé porque necesito dejar por sentado que en realidad, lograr un pensamiento estoico en la vida con el objeto de alcanzar la realización requiere sin duda alguna de una mente positiva, pero verdaderamente positiva, no ilusamente positiva.

Es que justo en un mundo moderno como el nuestro muchas de las más sagradas ideas se han llegado a corromper al punto que hacen de doctrinas saludables un verdadero caos que no me resuena a otra cosa más que a profano (en el uso literal no religioso del término).

Y estas profanaciones de las que hago referencia han sufrido lamentablemente la idea de una mente positiva, se ha querido vender esto cual pócima mágica con al que de tan solo repetir un par de palabras diarias encuentras la eliminación de todos los problemas, y esto es el mejor generador de frustración que existe. Sobre este particular hay un ejemplo que siempre uso en cada una de mis conferencias

Me tocó asistir a la universidad lejos de casa, estaba acostumbrado al cuidado y protección y desde luego las provisiones normales que había en casa en relación a la comida, estando en esta situación sucedían muy corrientemente que las provisiones se acababan antes de que llegara la mesada que me enviaban normalmente.

Muchas veces se daba la situación que faltó la comida y ya con las ultimas provisiones me tocaba extender el dinero hasta la llegada de más mesada, por lo que solía resolver con cantidades muy escasas de comida, para estos días asistí a una reunión de cierto grupo de asuntos metafísicos en el que se maneja esta situación que estoy planteando, es decir "una mente positiva", recuerdo que el orador nos enseñó una especie de mantra que debíamos repetir cuando necesitáramos algo y en eso comenzaría a descender por no sé cuál tubo del plano imaginario al plano real lo que estábamos pidiendo a través del mantra.

Uno de los tantos días que solo me quedaba pan y leche para comer estaba algo cansado del menú, ese día decidí poner en práctica el mantra que el señor del discurso me había enseñado, estaba decidido comer un filete a la parrilla con puré de patatas y espárragos asados, hice todo tal como lo indicó este agradable sujeto, sin embargo parece que el tubo que me traería mi filete se encontraba obstruido, ya que este nunca llegó.

Traté de resignarme con mi pan y mi leche, para no crear frustración en mi vida, (aunque fue casi inevitable). Pese a que no trato de desvirtuar ningún grupo religioso o metafísico en este tratado, necesito dejar muy claro el tema de la mente positiva, porque continuar a los siguientes capítulos sin ver de forma objetiva este asunto puede desviar el rumbo de todo lo que voy a tratar en los capítulos posteriores.

En el tercer capítulo voy a hablarte de los ruidos que normalmente están acechando la mente de las personas que componen la estructura social moderna, jamás será posible lograr las meta de ser completamente feliz a través de la superación personal sino se logra bajar los niveles de ruido que invaden la mente de las personas de hoy en día, ¿pero de qué ruido estamos hablando?

No se trata de los ruidos que son perceptible para el oído, se trata de pensamientos e ideas que normalmente se encuentran en la mente y que lamentablemente se han vuelto completamente normales, en este capítulo te voy a mencionar las principales pensamientos que son las que hacen el ruido del que te vengo hablando, y más aún te entregaré las claves por medio de las que podrás descubrir cuándo un pensamiento deja de ser saludable y se convierte en ruido.

Ya entendido todo este asunto estarás completamente listo para entrar en materia propia del sistema estoico, por ello en el capítulo cuatro voy a abordar el tema sobre los principios básicos del estoicismo, mismos que debes abrazar en tu vida y poner en practica con el fin de lograr de manera definitiva la felicidad y la superación personal.

Son cinco principios puntuales y muy objetivos pero que además no representan un gran reto para tu vida y de seguro para nadie, son consejos muy fáciles de seguir y los resultados en términos de satisfacción son enormes, solo debes seguir con cautela cada una de las indicaciones que te voy a entregar en este capítulo.

Otro aspecto que quiero que puedas entender a cabalidad es el tema del enfoque, lograr la superación no será para nada posible mientras la mente divague en mil cosas sin nada objetivo, se trata de concentrarse en las cosas que si se pueden cambiar, en las cosas de las que si puedes tener el control. Para darte un breve ejemplo, posiblemente tu temperamento sea algo que no puedes cambiar, pero una gestión eficaz de dicho temperamento puede moldear tu carácter, así que no puedes perder el tiempo luchando contra tu temperamento, es necesario completamente que te enfoque en el aspecto que si puedes trabajar para no perder el tiempo, todo esto lo vas a encontrar en el capítulo cuatro.

Para finalizar el libro te estaré regalando tres capítulos cargados de muchas enseñanzas completamente de la filosofía estoica pero bajo una aplicación cien por ciento contextualizada, no de manera teórica sino práctica, que vas a poder llevar a cabo en tu vida desde el mismo momento que la leas.

En definitiva, "Estoicismo: El camino hacia la superación personal, y el principio de la felicidad" es el libro de superación más importante que podrás encontrar en mucho tiempo, te recomiendo que al empezar a pasearte en sus líneas lo hagas con mucha concentración, toma un espacio exclusivo para su estudio y saca el mayor provecho que puedas de todo esto que te he traído en este volumen único, te garantizo que tu vida nunca más volverá a ser la misma, ¡empecemos!

¿QUÉ ES EL ESTOICISMO Y POR QUÉ ES IMPORTANTE PARA LA SUPERACIÓN PERSONAL?

Bienvenido al primer capítulo, es preciso que en este momento abordemos principalmente todo lo relacionado a este tema tratando de despejar y responder cualquier interrogante que pueda surgir, respecto a una filosofía tan antigua pero que a su vez es tan vigente. Y es justamente este asunto el que hace completamente vital que haga todas las aclaraciones, presta la mayor atención pues ya te explicaré.

Dado que la filosofía estoica es una filosofía que ha sido fundada hace miles de años, puede esto suponer que se trata de una estructura de pensamiento de la que podemos pensar que está ya en desuso, y sus postulados están fuera del alcance de una sociedad tan "avanzada y evolucionada" como la sociedad moderna.

Pero esto sería un verdadero error, y pasar por alto todo el pensamiento de Zenón, y cada uno de los exponentes de la filosofía estoica a través de los siglos, puede resultar perder la oportunidad de encontrar el balance y equilibrio que nuestra vida requiere para alcanzar la felicidad.

¿Qué es la felicidad?

Todo ser humano (o al menos eso es de suponer) se encuentra en la búsqueda del tesoro más preciado, esto quizás pueda representar el fin y propósito de la existencia del ser, "lograr la felicidad". Y es completamente importante que en este momento y antes de entrar en materia haga esta aclaración, y esto porque si la idea que la filosofía estoica es la propuesta para iniciar el rumbo a la felicidad hay que ver entonces a qué me refiero cuando hablo de felicidad.

Primero despejemos algo, ¿es la felicidad un medio o un fin? En esta interrogante se basa el principio de todo este asunto, la felicidad no se trata de un punto de la historia al que llegas, es decir, la felicidad pese a que puede ser uno de los propósitos fundamentales en la vida, no es necesariamente el fin de la vida.

Lo que trato de decir con lo anterior es que la felicidad es un medio, desde luego necesitamos verla como objetivo pero no es el fin de las cosas, si no el medio con el que lograremos alcanzar más propósitos en la vida.

Por todo esto es importante que no caigamos en el error de confundir la felicidad con la alegría, la alegría es una condición emocional pasajera, mientras que la felicidad es un estado de paz continuo, es sentir tranquilidad con nosotros mismos y con el entorno, una vez logrado ese objetivo en la vida será mucho más fácil caminar rumbo a los propósitos que tengamos en la vida.

Aclarado esto anterior, entonces es importante que enfoquemos la mirada en otro aspecto, ¿qué es la superación personal? Y es que de eso se trata todo este asunto, evaluar, entender y conocer el sistema filosófico estoico, como medio de alcanzar la superación personal nos obliga a resolver las inquietudes en este sentido.

Para algunos la superación personal puede consistir en hacer mucho dinero y acumular riquezas en la vida, para otros puede ser lograr un título universitario, y así cada persona puede tener una visión personal sobre este tema, pero, ¿representa todo lo anterior la verdadera superación personal?

Vamos a ver brevemente cuáles son los elementos que deben estar involucrados en la vida para que sea considerado como superación personal.

- En primer lugar la superación personal es la expresión máxima de tus capacidades
- Te ayuda a sentir satisfacción a ti como persona
- Mantienes una relación saludable con tu entorno (aunque no sea del todo reciproco)
- Explotas tus virtudes y capacidades
- Logras tus metas personales
- Cumples con tu propósito en la vida

Pensar de manera tan superficial y creer que la superación personal es hacer riquezas en la vida o alcanzar cosas consideradas socialmente como exitosas, no es más que ajustarse de forma complaciente a los estándares sociales modernos y esto refleja claramente un problema de insatisfacción personal, ya que el propósito de la vida no debe guardar relación con lo que otro piense, sino con lo que es correcto.

Quisiera dar un ejemplo de lo que acabo de decir, en los tiempos en que la esclavitud era algo normal en los países de América o Europa, que alguien quisiera dar estatus de personas con derecho a los esclavos era considerado alguien irracional, en ese tipo de sociedad el estatus lo daba tener esclavos en casa, pero que un individuo dijera "estos esclavos son humanos y merecen la libertad" era considerado un irracional, sin embargo, a pesar de lo que pudiera suponer aquella sociedad, fueron muchos los que dieron sus propias vidas por lograr que se decretara la libertad de todos los esclavos.

Lo que trato de decir es que la superación personal no tiene nada que ver con lo que diga la sociedad, o lo que resulte ser la creencia oficial del momento, la evolución o desarrollo personal está relacionado directamente con lo que es el propósito de tu vida.

En este punto entra en la jugada pensamientos como la filosofía estoica, un medio para centrarte en ti, en tus propósitos y alcanzar la completa felicidad de ser la persona que quizás no es solo la que quieres ser, sino la que debes ser, y que vas a descubrir a partir de hoy.

El estoicismo el origen de la escuela

Entonces nos ocupa una tarea en este momento, y esa es la de comprender lo más ampliamente posible lo qué es el estoicismo, de dónde nace, quién lo propone y cuáles son sus postulados. ¡Avancemos!

Origen de la filosofía estoica

El estoicismo es un sistema de pensamiento que surge a mediados del año 300 a. C su fundador fue Zenón, un comerciante griego seguidor del pensamiento platónico expuesto por su maestro el filósofo Polemón, Zenón, original de Chipre que fuera colonia griega en aquellos años, se trasladó a Atenas (capital de toda la cultura griega para su momento), donde justamente convergían la mayoría de las escuelas filosóficas que predominaban para entonces.

Zenón tuvo contacto con varias escuelas de pensamiento, por ejemplo la socrática, la megarica, la aristotélica y platónica, pero finalmente no encontró lugar en su vida para ninguna de estas por lo que decidió formar su propia escuela, y fue así que comenzó a proponer sus ideas.

El nombre de estoicismo se le da a la filosofía de Zenón como consecuencia del lugar donde este acostumbraba a dar sus lecciones filosóficas, el lugar era conocido como "pórtico Pintado de Atenas", (stoa poikilé) es decir el estoicismo hace mención es al "pórtico" donde Zenón daba sus lecciones.

Pero bien, ya sabemos el origen de esta escuela de pensamiento, que tal si nos vamos por un momento a evaluar cuáles son los postulados que ha propuesto Zenón en medio de su escuela de pensamiento, ya sabemos que hay ciertas influencias como la platónica en su escuela, pero, qué es lo que propone propiamente este filósofo. Como nota importante te adelanto que no solo las propuestas de Zenón son el grueso de las propuestas estoicas, recordemos que luego vienen otros pensadores que dan su aporte personal a esta escuela, pero esto lo veremos luego.

Postulados filosóficos del estoicismo

La filosofía estoica tiene como característica principal dividir su escuela de pensamiento en tres grandes áreas de importancia máxima para estos, en primer lugar "la lógica, luego "la ética" y por último "la física", ahora ¿qué es lo que tiene que decir el estoicismo sobre cada uno de estos?

Sobre lo último quiero aclarar que no pretendo hacer un ensayo sobre estoicismo, sin embargo es preciso regalarte una idea clara de esta filosofía desde sus bases, para poder sacar el mayor provecho de la misma para la aplicación en el hombre moderno, así que veamos un poco sobre cada uno de los tres aspectos básicos en los que está dividido el pensamiento estoico.

La ética: En la escuela de pensamiento estoico se propone la siguiente idea, todos los hechos en los que se encuentra envuelto el hombre son consecuencia de alguna forma de lo que está determinado de forma natural, por lo tanto no hay eventos ni buenos ni malos en sí mismo, sino que todo cuanto ocurre es parte de un propósito pre establecido. De modo que en medio del pensamiento estoico la propuesta está dirigida en la aceptación de nuestro propio destino como algo natural.

La lógica: respecto al conocimiento los estoicos proponen que la virtud es consecuencia directa del saber, de manera que uno de los propósitos del estoico es mantener su constante búsqueda del conocimiento para poder desarrollar las virtudes humanas.

La física: en cuanto a la física este sistema de pensamiento plantea el estudio de la naturaleza, es decir, el mundo físico y sus componentes, pero considerando como parte de esta naturaleza aspectos como los seres vivos (humanos y animales) y además los seres divinos. Todo el cosmos, está relacionado, el universo por tanto, resulta ser algo completamente armonioso y se encuentra perfectamente relacionado por algunas causas, y está regida por un principio activo, es decir un ser universal que es el que lleva el orden de las causas y efectos a nivel universal, aunque el hombre de acuerdo al estoicismo está relacionado y tiene participación con este "logos universal".

Ahora bien, visto estos detalles respecto a la doctrina estoica, quiero que me acompañes a ver un poco cómo es que este sistema de pensamiento nacido al menos tres siglos antes de la era cristiana, pudo tener influencias en sistemas de pensamiento justamente como la cristiana, y la evolución de este sistema hasta el momento es que su última escuela fue cerrada.

Evolución de la escuela estoica

Sabemos que en el paso de los años todo casi de forma natural va sufriendo un proceso, quizás e este caso no podemos hablar de un proceso de transformación, pero desde luego si hay que mencionar que la escuela estoica no escapa de este proceso, aunque en este caso se trate de un ajuste de sus postulados, ya que fueron muchos los grandes pensadores que formaron parte de esta escuela, y que dieron un aporte enorme al sistema de pensamiento estoico.

Por todo lo antes dicho es que la escuela estoica atravesó por un proceso histórico que llevó a dividir su escuela en tres periodos fundamentales, el primero que es la del nacimiento y esta vendría a conformar entonces el estoicismo antiguo, luego el estoicismo medio y por último el estoicismo nuevo, aunque hay un resurgimiento moderno del estoicismo pero esta desde una visión más religiosa, las principales son las que acabo de mencionar.

Estoicismo antiguo

La era del estoicismo antiguo comienza en el relato hecho anteriormente, es decir en el mismo momento en que su fundador Zenón comenzó a dictar sus discursos en el pórtico pintado del ágora de Atenas, a mediados del año 301 a. c y culmina con la muerte de Crisipo quien fuera el principal sucesor de Zenón tras su muerte en el año 261 a. C, de hecho se dice que uno de los personajes más importantes dentro de la escuela estoica es este filósofo, sin el cual no habría sobrevivido la escuela dicha escuela.

Esta era fue la que fijó las bases donde se asentaría toda la estructura de lo que hoy conocemos como el pensamiento estoico, lamentablemente no se cuenta en la actualidad con ningún documento de los que escribiera su fundador Zenón, se puede contar con algunos extractos de sus obras en manera de referencia hecha por otros escritores y pequeñas partículas de sus obra.

Pero uno de los aportes más importante con los que contó la escuela estoica fue justamente uno de los sucesores de Zenón, Crisipo, este fue el que desarrollo todo el canon estoico, en este se dedicó a perfeccionar y organizar de manera sistemática todas y cada una de las enseñanzas de Zenón, es decir que todo el sistema doctrinal de la escuela estoica nació en esta primera etapa y se dio en dos fases: la primera fue los postulados de Zenón, y la segunda seria el trabajo de Crisipo de ordenar y profundizar todo lo hecho por su maestro.

Estoicismo Medio

Muchos historiadores coinciden con la idea que la segunda etapa de esta escuela se inició a partir de la muerte del sucesor de Zenón, Crisipo a mediados del año 208 a. C. Este período fue marcado fundamentalmente por la expansión de la filosofía por todo el mundo mediterráneo, dado el auge que tendría el naciente imperio Romano y todo el proceso comercial que reinaba en este tiempo no fue para nada difícil lograr este objetivo, estableciendo incluso el pensamiento estoico entre las grandes elites del imperio Romano.

Estoicismo nuevo

El último personaje relacionado con el pensamiento estoico de la era correspondiente al estoicismo medio es un importante político de la estructura Romana conocido como "Catón el joven", (dicho así para diferenciarlo de su bisabuelo a quien se le da el nombre de Catón el viejo), la muerte de este icónico personaje sería la que marcaría el fin de la era correspondiente al estoicismo medio, y daría comienzo la nueva era del estoicismo, lo que marca la fecha de partida del estoicismo nuevo el año 149 a. C aproximadamente.

Esta etapa del estoicismo también es conocida como el estoicismo romano, ya que fue el sistema de pensamiento que predominó en las elites romanas, de hecho es tanto así que para este período surgen los más grandes personajes de esta escuela que incluso son los que más resonancia han llegado a adquirir dentro de la escuela de pensamiento estoico en todos los tiempos.

Entre mediados del año 350 a. C y el año 150 d. C se mantuvo en buena forma toda la estructura de pensamiento estoico, sin embargo, su descenso como escuela comenzó dentro de esas mismas fechas, con el surgimiento del cristianismo y su posterior establecimiento doctrinal, muchas de las filosofías helenísticas fueron afectadas, dado a que estas contradecían las doctrinas del cristianismo, de manera que muchas de las escuelas de pensamiento griegas mermaron.

Ya a partir de la muerte de marco Aurelio comienza la decadencia del estoicismo, sin embargo en todo este periodo de tiempo hubo un gran número de personas de renombre que marcaron el sistema de pensamiento de la escuela estoica, por lo tanto quisiera hacer una breve lista de todos los personajes insignes de esta escuela de pensamiento, y algunos de los aportes que estos hicieron al estoicismo.

Personajes iconos del estoicismo

Como acabo de mencionar son muchos los perso-najes que dieron un gran aporte a todo el sistema estoico, sin embargo, no deja de ser cierto que algunos fueron más influyentes que otros, por ello en este apartado quisiera hacer una especial énfasis en esos personajes que marcaron e influyeron de una u otra manera en el sistema estoico en toda su evolución histórica.

Desde luego que no puede dejarse por fuera nombre como el de Zenón ya que este sería el artífice de esta escuela y cuyas doctrinas perdurarían como escuela por casi 500 años, otros de los personajes de esta época de la escuela, son nombres como el ya mencionado Crisipo, quien fue considerado el más importante sucesor de Zenón, pero es importante señalar que de esta época, no sería este el único, sino que otros grandes personajes junto a Crisipo marcaron hito en el desarrollo del pensamiento estoico.

Cleantes de Aso

Respetado filósofo griego quien fuera discípulo directo de Zenón, este emblemático personaje es un ejemplo de constancia dentro de una de las más importantes escuelas de pensamiento de aquel momento, logró iniciar sus estudios de filosofía a los 50 años, sus orígenes remontan a un hombre que se dedicaba a la pelea como deporte, y luego trabajador de la tierra, cuando finalmente logra ingresar a la escuela de pensamiento de su maestro Zenón se convirtió en uno de los más brillantes seguidores del filósofo.

El sucesor de Cleantes resultó ser uno de los alumnos con quien tuvo serias disputas por temas de discrepancia, Crisipo de Solos, además tuvo serias contiendas con los exponentes de otras escuelas de pensamiento como los escépticos, los epicúreos y los platónicos.

Entre los hechos más destacados de Cleantes, se encuentra el haber dividido la filosofía de una manera distinta a la propuesta inicialmente por su maestro, quien plateó la misma en tres direcciones, a saber: La ética, la física y la lógica.

Por su parte Cleantes la dividió en seis partes, "ética, política, física, teología, dialéctica y retórica, de acuerdo a la reseña que algunos escritores posteriores a este hicieran se saben que este filosofo proponía ideas como vivir de acuerdo a la naturaleza para que en consecuencia las acciones del individuo sean correctas, además la visión de virtud planteada por el mismo se enfoca justamente en las obras correctas, mientras que en relación a las riquezas este plantea que está bien, pero que no son necesarias, está perfecto si tienes riquezas o no.

Aristón de Quíos

Nacido en la isla de Quíos, este filósofo quien asistiera a las conferencias dictadas por Zenón, fue uno de los hombres cercanos al fundador de la escuela, sin embargo esto no duró por mucho tiempo, ya que en un punto de la historia entre ambos pensadores hubo serias discrepancias por el tema doctrinal, lo que conllevó a la separación de estos dos filósofos, ya que Aristón rechazó directamente dos de las divisiones dadas por Zenón a la filosofía, básicamente a las dos partes no éticas, es decir la física y la lógica.

Pese a que este personaje es quizás visto como un personaje de poca relevancia debido a que según los registros indican que este terminó por separarse de la escuela estoica, muchos aseguran que en el período en el que abrazó sus ideas fue uno de los más elocuentes oradores y sus discursos fueron causa de que muchas personas adoptaran el sistema de pensamiento estoico como modelo de vida.

Diógenes de Babilonia

Este personaje nació en Seleucia, y fue discípulo directo de Crisipo, director de la escuela estoica y quien tuvo como discípulos a Panecio y Antípatro de tarso, entre los aportes que este filósofo hiciera al pensamiento estoico, se encuentra en el área del lenguaje dividiendo su estudios en tres campos como son: sonido, expresión y palabra, pero además hizo un enfoque hacia la ética.

Antípatro de Tarso

Como acabo de mencionar este es un discípulo directo de Diógenes de Babilonia, también director de la escuela estoica, hizo muchos aportes pero mayormente en la dirección de la escritura, de hecho algunos escritores reseñan que este filosofo tenia algunos conflictos con su propia elocuencia, por lo que en lugar de enfrentarse como muchos de sus antecesores a los debates públicos, enfocó sus esfuerzos hacia la escritura, evitando la confrontación personal con otros defensores de doctrinas distintas.

Estos son los personajes principales de esta filosofía viéndolo desde sus bases, sin embargo, existe un número mucho más grande de pensadores y filósofos que hicieron aportes importantes a esta escuela de pensamiento, por ejemplo y como ya he mencionado dentro del contexto romano muchos nombres resaltan cuando tratamos sobre el tema del estoicismo, personajes como Séneca, Epicteto y Marco Aurelio que si bien no son los únicos en realidad han sido estos los más influyentes filósofos estoicos de la era del estoicismo nuevo.

Hemos hecho un recorrido suficientemente amplio o al menos lo necesario en lo que se refiere al estoicismo, sin embargo, no es mi intención perder el enfoque en asuntos meramente intelectuales, no se trata de un estudio propiamente del estoicismo, sino que quiero que podamos aplicar los principales fundamentos de la filosofía estoica al aquí y ahora, todo lo anterior estaba direccionado a poder entender que es el estoicismo y de donde viene.

Sin embargo la pregunta más importante en este momento es, ¿cómo una escuela filosófica de la antigüedad que al parecer había estado desaparecida, puede tener algún tipo de influencia e mi felicidad?

Superación personal

No podemos perder de vista que todo el enfoque debe estar en una sola cosa, "la superación personal", para poder llegar a la conclusión de cómo superarnos como personas en esta vida, evidentemente tenemos que tener en claro cuáles son esas cosas que detienen el avance del crecimiento personal, desarrollar todo nuestro potencial y nuestras capacidades es algo que todos podemos llevar a cabo para alcanzar la satisfacción plena como personas pero ¿que nos detiene? Algunos de los principales obstáculos que detienen el avance y el crecimiento personal son los siguientes:

- La excesiva preocupación por el fracaso
- El descontrol emocional
- La pérdida de tiempo
- La falta de valores
- El desespero o desesperanza

Quizás hayan otros elementos que sean causantes directos de que una persona se detenga en el crecimiento de su vida, sin embargo, estos que acabo de mencionar pueden perfectamente perfilarse como las principales causas, en esta dirección es que la escuela estoica nos ofrece toda la ayuda que se requiere, pues justamente dentro de sus postulados encontramos ideas que nos pueden brindar la orientación adecuada para superar estas situaciones.

De alguna manera todos estamos interesados en evolucionar, más allá de lo que esto pueda significar para cada uno de nosotros lo cierto es que todos deseamos alcanzar la plenitud, la verdadera razón por la que estamos en este mundo. Pero insisto, sin importar qué es lo que significa esto en la mente de cada uno de nosotros (pronto lo aclararemos), muchos dejan de caminar en pos de su propósito en la vida, en consecuencia suelen vivir en varios senti-dos, o bien un estado de conformismo, o una cons-tante sensación de fracaso.

La superación personal

Al inicio de este capítulo ya he mencionado algunas de las características fundamentales que conforma lo que debería considerarse como superación personal, vamos a retomar por un momento un poco más sobre esto.

Es la expresión máxima de tus capacidades: ya lo dije antes, todos nacimos con ciertas capacidades, con talentos y virtudes, no obstante, aunque tengamos una inclinación natural e innata hacia dichos elementos, estos deben ser desarrollados. El desarrollo como persona tiene necesariamente que ir en dirección del desarrollo de tus capacidades, el caso contrario sería navegar contra la marea.

Te ayuda a sentir satisfacción a ti como persona: Desde luego que cumplir los propósitos de vida es igual que lograr la satisfacción como persona, dicho de otra manera, sabrás que estás haciendo o cumpliendo los propósitos de vida en la medida que te sientas complacido con tus acciones.

Mantienes una relación saludable con tu entorno:

En este aspecto quiero aclarar algo, hacer lo correcto no necesariamente sea lo más agradable para algunos, por ello la relación saludable a la que me refiero no se trata de complaciente, saludable se enfoca más en justicia, es decir lo correcto es el deber aunque no todos estén de acuerdo, en eso consiste la armonía a la que me refiero.

Quisiera hacer una analogía que ayude a esclarecer un poco más este asunto, un ejemplo maravilloso es el caso de aquel que tiene capacidades naturales para juzgar, es decir ha desarrollado un nivel de intuición, al igual que un nivel de análisis y de investigación interesante, de manera que ocupa el cargo de juez, su veredicto final no tiene que ser necesariamente del agrado de todos, pero es la justicia y esta debe prevalecer.

Finalmente lograr el desarrollo y la evolución como persona debe tener otros elementos que mencioné antes. Los primero es poder encontrar que las virtudes y las capacidades que han venido en tu vida de manera natural son explotadas en su máxima expresión, pero además logras las metas que van en dirección a cumplir los propósitos de tu vida.

Y hablar de la meta va más allá de un aspecto estrictamente financiero o que incluyan de alguna manera el ego, se trata de descubrir el papel que has venido a jugar en este planeta y hacerlo como es debido hacerlo, por ejemplo, si una mujer particular tiene como objetivo criar dos hijos para convertirlos en dos ejemplares ciudadanos, debe cumplir su labor, quizás no le deja riquezas financieras pero deja otro tipo de riquezas. Ahora imaginemos que otra nació para conquistar el espacio o para la medicina y hacia allá se enfoca, debe cumplir a cabalidad con su propósito y vivir según cada una de las características de su propósito.

En conclusión, la escuela estoica pese a su antigüedad plantea una serie de principios que vamos a estudiar a lo largo de este volumen, apenas estamos empezando, en lo sucesivo, vamos a comenzar a ver cómo es que el pensamiento de la escuela estoica puede hacer parte del pensamiento moderno y ayudarnos a encontrar nuestro propósito y a su vez encaminarnos hacia la felicidad.

2

PENSAMIENTO POSITIVO

Este capítulo lo quiero enfocar en un aspecto importante, el pensamiento positivo, esto viene a ser la resolución de los últimos aspectos que vimos del capítulo anterior, o sea, para lograr la superación personal hay que evaluar y alcanzar este elemento que vamos a ver en este capítulo.

Lograr los objetivos que nos hemos trazado en este vida requiere de algunos ingredientes importante, este ingrediente es el enfoque, pero junto al enfoque debe haber la creencia de que realmente se puede lograr aquello que se ha dispuesto, sin embargo, ¿cuánta garantía hay en que lo que te has propuesto llegará a buen término?, en consecuencia es importante hacer un buen enfoque sobre lo que se refiere al pensamiento positivo.

Por otro lado está el factor enfoque que también requiere un buen análisis, y esto justamente porque nuestro sistema de vida moderno nos mantiene atados casi de manera irremediable a un estilo de vida cuya característica es mantener un nivel de ruido en nuestra mente realmente aturdidor, lo que hace que la visión sea poco clara, no obstante este asunto lo estaré tocando con mayor amplitud en el capítulo que sigue.

Pensamiento positivo Vs objetividad

Quiero que evaluemos principalmente el tema sobre el pensamiento positivo, no quiero parecer que estoy haciendo apología de la negatividad, pero es completamente necesario que adoptemos una posición clara sobre este asunto.

Nuestras acciones y nuestra manera de vivir la vida suele ser el resultado directo de lo que nuestros pensamientos y sentimientos ordenan, en este sentido tener una perspectiva de cualquier cosa es una forma de crear el enfoque correcto hacia esa cosa, pero existe un peligro latente en hacer del tema del pensamiento positivo toda una doctrina moderna, y esto lo que puede ocasionar son algunos paradigmas y ciertos vicios que resultan dañinos para el individuo.

El pensamiento positivo es aquella "filosofía" que sugiere mantener siempre una mentalidad enfocada en las cosas buenas, no pensar en lo malo pues finalmente lo bueno o lo malo que mantengas en tu mente serán las que atraerá.

Ahora bien, vamos a analizar este pensamiento y evaluemos que tan real es eso y cuánto de ilusorio puede haber en estas ideas.

Como ya he mencionado antes, muchos de los resultados que podemos obtener en algunas de las cosas que nos planteamos en la vida desde luego que pueden estar determinadas por lo que pensamos, quiero que lo veamos más claro, un pensamiento genera un sentimiento, y este a su vez genera un estado de ánimo, ese estado de ánimo muy probablemente generará una acción, y esa acción (que ya viene marcada por todo el proceso anterior) será la que dará el resultado final.

Entonces asumamos que vas a iniciar una carrera universitaria, pero desde que estás por inscribir tu carrera, ya estás convencido que no hay manera de lograrlo, que es sumamente difícil, estás condicionando tu mente, en consecuencia todo lo demás vendrá como una reacción en cadena, y finalmente fracasarás. Por esto es que se hace necesario tener una mentalidad positiva, de confianza en ti mismo y saber que en realidad si se puede, de manera que enfoques todas tus fuerzas en función de ese objetivo, las probabilidades de que alcances tus metas son muy altas.

A todo lo antes dicho no podemos quitarles una probabilidad muy importante, "pueda que no lo logres", siempre recuerdo aquella triste historia del novel de la literatura Gabriel García Márquez "El coronel no tiene quien le escriba", toda la confianza del coronel estaba puesta en la pelea del gallo que le dejó su hijo, llevaba meses de entrenamiento preparando al gallo para la pelea que finalmente lo libertaria de la vida de miseria que estaban llevando, todo giraba en torno al gallo, esto duró solo hasta que la esposa le dijo "¿y si pierde?".

Es que perder es parte de la vida, se gana pero se pierde, se disfruta, pero se viven momentos de dolor, entonces no hay manera de que ningún pensamiento positivo ni ninguna idea ultra poderosa cambie algunas realidades, desde luego que hay probabilidades muy altas de obtener resultados positivos si vas con la actitud adecuada, pero insisto no es garantía.

Una mejor perspectiva del pensamiento positivo

En esta dirección quisiera que podamos ver el pensamiento positivo desde una óptica más equilibrada, ya he dejado claro que ser desmedidamente positivo puede tener su punto en contra, sin embargo, mantener una mente en paz, una mente despejada, puede ser una manera más idónea de ver todo este asunto.

No se trata de mantener una fijación en tratar de ver todo como algo bueno, o pensar "nada es malo", lo más sano que puede suceder con todo este asunto es tener una relación más saludable con la realidad, es decir vivir cada una de las emociones basadas en cada situación particular y superarlas, no quedarse atascado en la idea del dolor, o en la falsa alegría, en realidad lo contrario a eso es perjudicial para la salud emocional.

En consecuencia de todo lo antes descrito es momento de ver cómo es el modelo adecuado de una mente positiva, y de esta manera tener una mejor manera de ver la vida, así que vamos a ver en este momento las 5 leyes de una verdadera mente positiva.

Primera ley: No bloquees los sentimientos

Esto guarda una estrecha relación con la idea de felicidad que ya en el principio de este volumen te mencioné, si encontramos que la felicidad no es una emoción, quiere decir que los episodios duros de la vida no tiene que ser negativos si se ven de manera objetiva.

La verdad de este asunto es que la modernidad con fines de mercado y comercio, nos ha vendido la felicidad como un estado que se adquiere gracias a la adquisición de cosas o el logro de objetivos, y esto no es del todo cierto, los anteriores podrían ser consecuencias de la felicidad, o en su defecto sencillamente un hecho particular y aislado de la vida, pero no necesariamente deben significar la felicidad.

Ser feliz es lograr tener una vida consciente, (una mente despejada) y vivir con la tranquilidad de saber que el universo está ordenado de manera idónea para que los acontecimientos debidos ocurran para los fines que el mismo universo a trazado, aunque pueda suceder que no tengamos una perspectiva clara de lo que está aconteciendo y podamos juzgar los hechos como buenos o malos de acuerdo a nuestra forma humana de juzgar las cosas.

Para graficarlo de alguna manera, quisiera contarte una corta anécdota, Martha, una linda chica de provincia de apenas 16 años de edad, manejaba su bicicleta en la tarde por su cuadra mientras llevaba con ella a Rita, su vecina, en un momento de su paseo no se percató que un perro de algún vecino se escapó, al darse cuenta que esto estaba sucediendo aceleró sin fijarse de dos detalles importantes: el primero que la bicicleta no tenía los frenos en buen estado, y por otro lado la calle que se presentaba frente de ella era una pendiente muy inclinada que culminaba con una curva completamente cerrada.

El resultado fue desastroso, el golpe y la herida de ambas fue tan severo que fue necesario ir hasta el hospital central de aquel departamento, donde se le prestó atención médica especializada en traumas, todo aquello fue una verdadera tragedia.

Sin embargo lo que muchos no sospechaban es que la verdadera tragedia pudo ocurrir de no haber sucedido aquel accidente, Martha quien había sufrido problemas con la alimentación desde muy pequeña estaba sufriendo una anemia muy severa, lo que pudo haberle causado muy fuerte complicaciones, y gracias a los análisis de dicho accidente se pudo detectar a tiempo antes que esta condición desembocara en peores males.

Entonces no está mal percibir el dolor, no está mal reconocer que hay una situación por la cual hay que detenerse a pensar por un instante y evaluar todo lo que ha pasado, pero juzgar los eventos por si solos de buenos o malos puede ser un grave error.

Segunda ley: Saca provecho de los momentos difíciles

Como he manifestado en el punto anterior la felicidad no debe estar sujeta solo a momentos alegres, la felicidad condicionada no sería del todo felicidad, la felicidad plena está cuando puedes lidiar con estas situaciones, entonces no solo es que está bien llorar en el momento que sufres una perdida amorosa, o un fracaso, sino que en algún momento esto es completamente necesario, lo que no está bien es estancarte en ese dolor por mucho tiempo.

Aunque pueda costar algo creerlo o verlo de manera objetiva para algunas personas, el dolor es necesario, un guerrero jamás puede ser formado disfrutando de jugar en un lindo jardín, un guerrero se forja en las luchas, en las batallas tanto ganadas como perdidas.

Viendo la felicidad desde la óptica del placer que genera un estado de paz, podemos hacer una mejor evaluación de lo que estoy explicando en este momento, asumamos que hemos llegado a la felicidad, estamos en paz absoluta, pero además no hay adversidad que se presente, no tienes deudas, tu familia está completamente saludable y gozas de buena economía.

Esta condición que acabo de describir (que sin duda es idónea) puede llegar a dejar de percibirse como felicidad, sino como algo rutinario, te contaré una anécdota. La primera vez que viaje solo (sin compañía de mis padres) fue en una excursión del colegio, en el itinerario estaba incluido tomar un bote para pasar un día completo en una pequeña isla a un aproximado de una hora aguas adentro de la playa.

El timonero, que nos dejó en el lugar para seguir cargando pasajeros nos indicó que la hora del regreso estaba pautada para las 5:00 pm, no obstante a las 3:00 pm este se encontraba de vuelta por nosotros, no explicó que el mar estaba "revuelto" y que se pondría peor, por lo tanto lo mejor sería volver cuanto antes. La experiencia que vivimos a continuación no la olvidaría nunca en la vida, sobre todo porque no tuve jamás una buena relación con el mar, de hecho quizás para algunos no fue tan importante, lo vivieron como una experiencia de aventura, mientras que yo cada vez que el bote, producto de las inmensas olas quedaba suspendido en el aire, cerraba mis ojos y lloraba sin remedio aprovechando que las lágrimas se confundía con el agua que corría por mi cara.

Todo aquello solo fue un susto que luego paso a ser solo la anécdota más divertida del viaje, pero algo particular que recuerdo de toda esta experiencia es lo que papá me dijo al contarle lo sucedido, "esas cosas son necesarias para recordar que estamos vivos".

No es que andemos en buscas de adversidades para saber que estamos vivos o que somos felices, pero es el dolor que nos ayuda a mantener una buena relación con la felicidad, saber que la plenitud que estamos viviendo es preciso valorarla.

Sin embargo no es esta razón la única razón que hace incluso necesaria la adversidad, el placer de la felicidad es algo que aumenta cuando son superadas satisfactoriamente, de hecho estudios han demostrado que pese a que el dolor no es algo que dé satisfacción, el estado de gozo que se puede percibir tras superado el dolor, puede ser mayor que el estado anterior a dicho evento doloroso.

Una de las maneras de fortalecer lazos sociables es sorprendentemente en medio del dolor, las personas suelen establecer mayor empatía por aquellos que están atravesando momento difíciles, por lo que muchos de los lazos que incluso existieron y estaban rotos se vuelven a unir en medio de los momentos más dolorosos.

Tal como en el caso de la joven Martha, el sufrimiento no tiene por qué ser algo completamente negativo, de hecho solo lo será a la medida que te limites a tener una panorámica cerrada de la situación, cuando logras verlo más objetivamente encontrarás de seguro los beneficios que acabo de mencionar.

Tercera ley: No te quedes en el dolor

Sí, es necesario, pero sobre todo inevitable, todos alguna vez en la vida vamos a atravesar momentos difíciles, algunos con más "normalidad" que otros, pero todos tarde o temprano tendremos que lidiar con fracasos laborales, educativos, vamos a enfrentarnos a un desacierto empresarial, o vivir la pérdida de un ser querido, salvo aquellos que parten de la tierra muy rápido, esto es una regla que no vamos a poder evitar.

Pero ya hemos visto en la primeras dos leyes que se puede tener una relación diferente con el dolor, pero algo importante es que no debes estancarte en ese estado, no puedes permanecer mucho tiempo atado al dolor, el dolor hay que percibirlo, recibirlo, aceptarlo y dejarlo ir, de lo contrario esto en lugar de ser una oportunidad para aprender en la vida, se convertirá en una verdadera barrera que detendrá tu avance.

Cuarta ley: Avanza pese al dolor

Una de las frases más celebres en el mundo artístico de hecho popularizada por el cantante y actor francés Charles Aznavour es "el show debe continuar", la felicidad radica en dejar atrás lo que debemos dejar atrás, asumir todo el aprendizaje que podamos de cada una de las experiencias de la vida pero soltar esas circunstancias, alguna vez un viejo amigo de la universidad me dijo, "la muerte es parte de la vida" y es la verdad, (quiero tomar este ejemplo por ser una de la situaciones más difíciles que todos vamos a experimentar alguna vez en la vida).

Entonces es importante dar el valor que la perdida tiene, pero no se puede olvidar que quien se fue terminó con su carrera, pero corresponde a los que seguimos aquí continuar la nuestra hasta que llegue el momento de partir, así considera esto como una de las principales claves para ser feliz, continúa aunque el dolor sea fuerte.

Quinta Ley: Agradece por el simple hecho de vivir

No hay mucho que decir en este sentido, la vida es un cúmulo de todo tipo de situaciones que van a suceder nos guste o no, de manera que debemos aprender a manejar una actitud adecuada respecto a esto, la actitud de agradecimiento es una de las mejores medicinas contra el dolor, ser agradecidos genera un impacto en la psiquis de las personas, y sobre este asunto quiero hablarte por un momento.

La gratitud te convierte en alguien paciente

Esto no es solo una percepción empírica, de hecho serios estudios llevados a cabo por la Northeastern University han mostrado que aquellos que mantienen una actitud agradecida son personas que desarrollan más paciencia, el estudio puso a prueba a 105 estudiantes de pregrado de la siguiente manera:

A los mismos se les pregunto si querían recibir una suma de dinero en ese momento, o preferían una suma superior más adelante. Estos mismos estudiantes habían sido puestos a prueba en otros experimentos para medir el nivel de agradecimientos de unos y otros, pues aquellos estudiantes que en los experimentos anteriores habían mostrado mayor gratitud fueron los que en este aceptaron esperar un poco más para recibir la mayor suma de dinero.

Por lo tanto se demostró que las personas agradecidas no solo son más pacientes, sino que mostraron buen nivel del autocontrol.

La gratitud puede mejorar tus relaciones sociales

Se ha demostrado que aquellas personas que suelen ser agradecidas generan mayor reacción de empatía, recientemente pude ver una situación que demostraba la realidad de esto que estoy planteando ahora, en cierto foro por medio de internet pude ver como algunas personas que se encontraban en un país X (me reservo el nombre por asuntos de ética) en condición de inmigrantes, se estaban quejando de forma radical por elementos propios de dicho país con la que estos no estaban de acuerdo.

Por esta razón desde luego que las respuestas de los habitantes originarios de dicho país no se hicieron esperar, todo se convirtió en un caos, ofensas de lado y lado y cualquier tipo de improperios. Pero en medio de la crisis una persona apareció dando su opinión y agradeciendo a los habitantes de este país por haberles dado la oportunidad de vivir allí, de inmediato las ofensas cesaron y este sujeto comenzó a recibir palabras de afecto por aquellos que hace un momento atrás estaban casi dispuestos a ir y sacar a los inmigrantes con sus propias manos.

Pero no solo se limita a este plano, en tema de relaciones de pareja es igualmente muy beneficioso, las parejas que muestran gratitud el uno para el otro de acuerdo a la observancia de estudios realizados por la universidad estatal de La Florida en este sentido, resultan ser más sólidas y duraderas.

En conclusión debes ser agradecido, esto garantiza felicidad ya que esto es la dirección correcta y verdadera del pensamiento positivo, ha quedado demostrado de esta manera que ser positivo no es cerrar los ojos ante la adversidad, sino mantener una buena actitud a pesar de la adversidad, nada va a evitar que acontecimientos difíciles lleguen a nuestras vidas, pero el resultado que podamos encontrar de esas adversidades estará irremediablemente condicionada por nuestra actitud.

He demostrado así que no tiene que ver con un especie de ritual "positivista" repitiendo algún tipo de mantras pseudo motivadores que harán que encuentres resultados casi mágicos en tus anhelos, la verdadera mentalidad positiva está fundada en la buena relación que puedas tener con tu vida y todos los acontecimientos que en ella vas a encontrar.

Pero no queda solo en esta idea planteada a lo largo de este capítulo, esto incluye un elemento que quiero que veamos en el capítulo que viene a continuación.

3

CLARIDAD MENTAL: ELIMINA EL RUIDO DE LA MENTE

En el capítulo anterior te expliqué la manera de ver el tema del pensamiento positivo, pero lograr un estado de paz y de superación personal, esto requiere de un requisito adicional a lo que ya he venido mencionando, es el tema del ruido que la mente del hombre moderno (aunque no sea una característica propia de la modernidad sino de la misma condición humana).

El sistema de pensamiento estoico entre sus ideas y postulados poseen una buena observación de este asunto, en esta dirección dice la escuela de pensamiento estoico que al controlar nuestras percepción podemos obtener claridad mental.

¿Qué es la claridad mental?

Te ha pasado que alguna vez tu oído se agudiza tanto (sobre todo cuando necesitas concentrarte) y comienzas a escuchar todo cuanto hay a tu alrededor, oyes la conversación que está teniendo tu jefe con la secretaria, el teléfono de la oficina de al lado que repica sin parar, el rechinar de la fotocopiadora cada vez que imprime una página, los ruidos de los vehículos que entra por la ventana proveniente de la calle, es un asunto realmente desesperante.

Todo lo que te acabo de decir antes es una forma muy clara de comparar lo que es el ruido mental, desde luego en este caso no se trata de un ruido perceptible al oído, sino que todos los elementos de este ruido están en la mente, y conforman el ruido mental, por lo general se tratan de ideas o conceptos que son negativos aunque pudieran estar disfrazado de otra cosa, y eso es lo que quiero despejar en este momento.

Estas ideas, pensamientos, conceptos, que suenan en nuestra mente puede que parezcan de una naturaleza sino buena necesaria, pero en realidad son absolutamente negativas y limitan tu progreso en la vida, quiero hacer una lista de los principales ruidos que encontramos, que llegan a la mente con apariencia de lógico pero que hace un daño al avance y progreso de la persona.

Exceso de preocupación

Este es el primero y seguramente más recurrente ruido que suele haber en la mente de las personas, aunque puede que sea una característica propia del ser humano, en el hombre moderno es que puede darse con mayor ahínco, y esto justamente por la cantidad de afán que como sociedad tenemos.

Cada período y cada tiempo de la historia puede que haya tenido su propio afán, pero en los tiempos modernos contamos con un exceso de afanes, estamos en la era más materialista de todos los tiempos en el que el sufrimiento más claro que hay en la humanidad moderna es el tema de "poseer". Puede ser bienes materiales, estatus, posiciones, etc, y el complejo de no tenerlo, junto al temor de no lograr adquirirlo ocupa de manera grotesca la mente del hombre moderno.

Pero no solo este asunto es lo que genera mayor preocupación, sino que hay un terror por cualquier tipo de circunstancias, basta con ver las noticias al menos 10 minutos para levantarte del sillón con una crisis de nervios, guerras, ladrones, asesinos, violaciones, banca rota, fin del mundo, virus mundial, y pare usted de contar todo aquello que ocupa de manera desesperante la mente de las personas en estos días. Este es uno de los más grandes ruidos que puedes encontrar en la mente del individuo.

Tratar de predecir el futuro

Esto más que ruido suele ser un verdadero escándalo, ante lo dicho anteriormente muchos están preocupados por saber o descubrir que es lo que va a suceder, esto es la consecuencia directa de la necesidad de callar el ruido que hay en la mente, (por esto dije que algunos ruidos tienen disfraces).

Sin embargo, aunque trates de silenciar toda esa bulla que hay en tu cabeza tratando de adivinar cuál será el fin de todo lo que te preocupa, te tengo malas noticias, esto solo hace más ruido en tu cabeza, no alivia nada, por el contrario lo empeora todo.

Desarrollo de un estado de impaciencia

Primero un alto nivel de preocupación, esta preocupación va a desencadenar un deseo insaciable de conocer el futuro, pero como evidentemente el futuro nunca lo vamos a saber, surge en consecuencia un estado de impaciencia atroz en la vida del individuo, ya no se trata de los acontecimientos finales de lo que en termino general me preocupa, (cómo cerrara el año la economía del país, o cuándo cesará el virus que azota a la sociedad) esta se traslada a asuntos muy puntuales y específicos que en otro caso pueden ser completamente banales.

Un ejemplo de lo anterior voy a graficarlo de la siguiente manera: el esposo que llama a casa para saber de su esposa, ya que este hombre quien al salir para el trabajo notó que su esposa tenía algo de calentura producto de una simple gripe, sin embargo, esta justo se encuentra en la ducha y no escucha el teléfono, el esposo vuelve a llamar con insistencia, llama al número fijo de la casa y no recibe respuesta, esto desata una crisis porque necesita saber de manera inmediata qué pasó con la esposa.

Todo el nivel enorme de ruido mental que está enfrentando el esposo lo lleva a imaginar los escenarios más espantosos, esto es producto del ruido "impaciencia", pero aún hay más ruidos por evaluar, ¡sigamos viendo!

Exigir demasiado de ti

Hay que tener una especial cautela con este ruido en particular, ya que ser exigentes con nosotros mismos puede ser una gran virtud lo mismo que un gran ruido mental, ¡me explico!

Está bien que cada día queramos evolucionar hacia un mejor nivel de desarrollo en la vida, por lo tanto cada vez que nos trazamos una meta o tengamos un propósito en la vida es algo muy bueno que seamos altamente exigentes con nosotros mismos en aras de alcanzar la excelencia como personas, no obstante, la exigencia "ruido" a la que hago referencia en este momento se refiere a ese nivel de critica que muchas personas se pueden auto infligir, no sentirse satisfecho con sus propios logros y mantenerte en un estado constante de crítica, ideas como: "pude hacerlo mejor, soy muy lento, soy un tonto, lo que él hizo quedó mejor que lo que he hecho yo", y pare usted de contar los distintos ruidos que en esta dirección pueden haber en la cabeza de una persona, esto es muy peligroso.

Complicarse demasiado

Este es otro enfoque que causa un exceso de ruido en la mente de muchas personas, me refiero específicamente a las ideas limitantes que hay en muchas personas, estas ideas de las que hablo están dirigidas de manera directa a considerar que todo es difícil, "eso no se podrá hacer", incluso de pensar que es imposible.

Esto es fundamentalmente el estado de negatividad que afrontamos en el capítulo anterior, muchas personas suelen encerrarse en una especie de burbuja de la que no quieren salir, ya que están completamente convencidos que no es necesario tratar de emprender algún tipo de proyecto o emprendimiento en la vida, ¿y por qué sucede esto?, básicamente han desarrollado la cualidad por una serie de circunstancias variadas de creer que no cuentan con las capacidades para lograr aquello que se propongan.

Este ruido va de aliado de ideas como que: "los que lograron cosas sorprendente (o no tan sorprendente) en la vida es porque nacieron con algún tipo de don especial que les permitió hacer lo que lograron hacer, o tener lo que lograron tener", pero nunca le adjudican los logros al esfuerzo en primer lugar, y por otro lado las capacidades intrínsecas que tenemos todos los seres humanos de lograr todo aquello cuanto nos proponemos.

Por lo anterior prefieren no hacer nada, no se esfuerzan por ejercer una profesión, por prepararse en un arte o aprender un deporte que los convierta en especialista, pero más aún en algunos casos pueden sentir la pasión, pero la creencia de que no podrán lograrlo los llevará de manera casi irremediable a mantenerse en un estado de estancamiento que no tendrá salida de no obligar a que esos sonidos que aturden tu mente hagan silencio.

Por el momento solo me limitaré a señalar estos cinco particulares, pero seguro estoy que hay muchos que se suman a esta lista que acabo de hacer, pero corresponde a cada uno evaluar cuáles son los ruidos que están desviando tu vida de la realización personal.

Es posible que los ruidos mentales que restan claridad se mantengan rondando nuestra cabeza por siempre, es iluso pensar que en algún momento de nuestras vidas no seremos objeto de esa serie de pensamientos o preocupaciones que traten de distraernos, no podemos aislarnos completamente de este tipo de realidades, pero si es posible que sepamos controlar esta situación y no permitir que estas ideas encuentren habitación fija, solo debe ser algo pasajero.

Peligros del ruido mental

Quisiera que me acompañes a realizar una evaluación de lo siguiente, ¿cómo puede afectar a nuestras vidas no tener claridad mental? Esto es fundamental, quiero que juntos podamos ver lo que realmente pasa o puede acontecer en la vida de una persona, que es constantemente acosado por esta cantidad de ruidos que se alojan en la mente, elevar el nivel de conciencia en este sentido ayudará a fortalecer la determinación que podemos tener de superar esta situación y lograr la claridad mental.

Angustia y ansiedad

Para poder entenderlo mejor, es preciso que evaluemos más de cerca este término, hablar de ansiedad se refiere a un estado emocional de alerta causado por la impresión de podernos encontrar ante una posible amenaza, la angustia, como mecanismo de defensa de nuestro organismo es un efecto maravilloso, ya que este es el que va a preparar todo nuestro sistema de defensa para sobrevivir ante la presencia de una situación peligrosa, hasta ahí va muy bien.

¿Pero qué pasa cuando hay ansiedad sin que haya ningún peligro?

Esto es justamente el gran problema que representa para la salud emocional, el tema de la ansiedad ante la posible aparición en forma de ruido mental, suena como a "cazador cazado", es decir, un mecanismo de defensa del cuerpo que debería librarnos del peligro, pasa a ser el verdadero peligro, es que ante la presencia de pensamientos constantes como la eterna preocupación por el futuro, por los peligros, por las noticias, por el virus, y por cualquier cantidad de ruido que se mantiene rondando la cabeza, y de darle cabida a esos ruidos la mente entra en un constante estado de paranoia en el que verá por todos lados una amenaza.

Y esto no es algo que deba tomarse con frivolidad, la verdad es que entrar en este estado es una situación realmente peligrosa para el ser humano, para poder entenderlo mejor es importante ver cómo se comporta nuestro organismo ante la presencia de estados emocionales como los que estoy mencionando.

El estado de ansiedad tiene como efecto que acelera el ritmo cardiaco, esto con el objetivo de enviar la mayor cantidad de sangre a nuestras extremidades, el motivo es favorecer la posibilidad de ejercer una acción de defensa o de escape ante la posible amenaza, aumenta los niveles de azúcar en la sangre, y desde luego los niveles de insulina, se desata una reacción de liberación de una serie de hormonas como el cortisol que entre otra cosas es el motor número uno para generar estados de estrés.

Imagina solamente que una persona que en su mente se mantenga alimentando este tipo de sensaciones y que su organismo este generando este tipo de reacciones constantemente, no hace falta ir a un especialista para recibir un diagnóstico médico, sabemos que habrán afecciones al nivel del corazón, imagina el caso de una persona con diabetes, los niveles de azúcar por el cielo poniendo así en peligro la vida.

Pero no solo en caso de personas diabéticas, de la misma manera, aquellos que no padecen este tipo de patología los niveles de azúcar elevados desatan una serie importante de complicaciones, entre otras el aumento de los niveles de grasa en el organismo, sobre todo a nivel de abdomen y la conocida grasa visceral que tan perjudicial resulta.

No cabe la menor duda entonces que dar paso a ciertos tipos de ruido mental, es la ocasión perfecta para poner nuestra salud en peligro. Pero en realidad apenas estamos comenzando.

Los ruidos mentales daña la autoestima

La imagen que tengamos de nosotros mismos va a

estar determinada por lo que creamos igualmente de nosotros, y las creencias desde luego son ideas y pensamientos consecuentes alojados en la mente, si cada día estás pensado que tal o cual cosa de ti está mal, si permites que el ruido en tu cabeza se mantenga enfocado en un pensamiento recurrente que no tienes el talento, que no eres capaz, que otro lo hace mejor que tú, los efectos que estos pensamiento ocasionarán en tu mente no tienen absolutamente nada que ver con algo provechoso.

Todo lo que vas a lograr conseguir de todo eso es que cada día tengas menos confianza en ti mismo, y de manera casi irremediable terminarás por encerrarte en el mundo del "no puedo", esta situación entre otras cosas limita todo tu potencial, ya que te hace creer a punto de convencerte que no hay manera de ser mejor, así que estas personas se terminan por encerrar de manera definitiva en su zona de confort, o como lo pueden ver mejor "la zona segura".

La falta de claridad mental es un constante generador de depresión

De hecho este puede ser consecuencia de lo que acabo de mencionar antes, sin embargo, no es eso lo único que puede generar depresión cuando de ruido mental se habla, por ejemplo una persona que mantiene un estado mental de constante preocupación por lo que pasó, por lo que puede pasar, por lo que es o no es capaz de hacer, al igual que una persona que ha bajado sus niveles de productividad y su estima personal, tarde o temprano termina por convertirse en víctima de sus pensamientos y entrar en un estado preocupante de desazón, y en consecuencia se convierte en víctima de la depresión.

Ahora bien, en el mero hecho de la depresión pueda que no radique algún peligro, este peligro está fundamentalmente en los efectos que desencadena esta condición en las personas, vamos a verlo más de cerca, ya que la depresión no se trata simplemente de un estado emocional visible desde lo externo, sino que esto puede tener un impacto muy marcado en el interior, incluso en la salud.

Pérdida del sueño

Un estado depresivo tiene la tendencia de aislar a la persona en una sub-realidad a nivel mental, de manera que constantemente puede estar sumergido en los pensamientos que genera el estado de depresión, convirtiéndose así en un círculo vicioso, de esta manera es muy probable que se descontrolen los patrones del sueño y termine así por perder el sueño.

Pérdida del apetito sexual

Este es otro de los duros efectos de este flagelo en la vida de las personas, no solo bajo el tema de la depresión en sí misma, sino que en aquellos casos de personas que por la depresión tienen la tendencia a medicarse, la complicación en esta dirección puede ser peor, de manera que no solo afecta la salud de la persona sino que esto afecta incluso la vida social y familiar.

Debilita el sistema inmunológico

Por ultimo quiero señalar este problema, ya que dentro de esto va implícito todos los riesgos a los que se puede ver una persona sometida cuando no tiene un sistema inmune fortalecido, la posibilidad de contraer cualquier tipo de enfermedad es una opción sumamente elevada.

Los ruidos mentales limitan tu crecimiento personal

Caminar rumbo al desarrollo personal solo será una ilusión a la medida que no se dé la importancia que realmente tiene la claridad mental, muchas personas suelen pensar que los ruidos mentales son compañeros con las que se puede andar por la vida, pero a manera de conclusión sobre este asunto es importante destacar que para lograr los objetivos que han sido trazados a partir de este libro, a saber, la superación personal y la felicidad, solo será una verdadera posibilidad a la medida que se pueda callar la mente.

Pero ¿qué significa lograr el silencio en la mente? Indudablemente nuestra mente siempre está reproduciendo información, imágenes, ideas, conceptos y pare usted de contar, pero no necesariamente debe tratarse de ruido, un ruido mental se llama ruido mental cuando el pensamiento cuenta con algunas características particulares.

Características de los ruidos mentales

Ya te di una lista de los principales ruidos que suelen hacer vida en nuestra mente, sin embargo, es importante aclarar que no solo eso es ruido mental, como indiqué anteriormente, es importante saber las características principales que hacen que un pensamiento o una serie de pensamientos, dejen de ser una idea y se conviertan en ruido mental, eliminando o bloqueando así la claridad mental.

- Lo primero es que estos tipos de

pensamientos suelen ser muy recurrentes, están presente en la mente durante gran parte del día
- Generan angustia o ansiedad o cualquiera de los síntomas que he descrito antes
- Entorpecen la posibilidad de tener una buena comunicación contigo mismo respecto a otros asuntos de la vida
- Afecta tu relación con el entorno

No es lo mismo un pensamiento recurrente que te está impulsando al crecimiento, al avance, a ser mejor persona, que aquel tipo de pensamiento que te lleva a un estado precario y decadente, esta es la principal diferencia entre una mente clara y una mente que está llena de todo tipo de ruido.

Visto todo esto, entonces se nos hace más sencilla la tarea de definir la claridad mental, pues esto se trata de un estado de nuestra mente que si bien es un órgano que no para de trabajar, llegamos al punto de enseñarle a pensar en lo correcto, lo debido, dicho de manera más fácil, la claridad mental es la capacidad de mantener nuestra mente en modo enfoque, ajustado a la medida no de lo que ella quiera ver, sino de lo que nosotros podemos enseñarle.

La claridad es sumamente necesaria para ser completamente felices en la vida, ya que una mente clara, sin la nubosidad de todo un grupo de pensamientos perturbadores y ladrones de paz, será, seguro estoy, la mejor manera de caminar rumbo a los objetivos que debo caminar en la vida, pero no solo eso, es gracias a la misma claridad mental que podremos establecer objetivos claros, así que en definitiva, si hay algo en lo que tenemos que enfocarnos a partir de este mismo instante es callar todo el ruido de la mente y lograr tener claridad mental.

¿Cómo se logra la claridad mental?

Esta interrogante encontrará respuesta en el siguiente capítulo, de hecho, quiero que este capítulo que sigue a continuación dedicarlo en su totalidad en aclarar esta interrogante, así que con todo lo que hemos visto hasta ahora sobre este asunto es momento de despedir este capítulo, recuerda cada uno de los principios que hemos visto en él, y asegúrate de tener bien claro a partir de este momento lo qué es la claridad mental.

5 PRINCIPIOS DEL ESTOICISMO QUE NECESITAS APLICAR

Acabamos de ver en el anterior capítulo, uno de los factores que suele ser el que normalmente aleja a las personas de las posibilidades de lograr establecer las condiciones necesarias para lo que consideramos la realización personal, seguro que habrá otros factores, sin embargo, lo que hemos evaluado antes puede resultar una de las principales causas de estancamiento en un individuo.

Justo antes de terminar quedó en el aire una importante interrogante, ¿Cómo es que podemos callar el ruido que atormenta nuestras mentes? En ese sentido es que entramos de manera formal a ver como toda una estructura filosófica que tiene más de dos milenios de haber sido fundada, puede ayudarnos a mejorar nuestra calidad de vida y sacar el mayor provecho de ella.

En consonancia con todo lo anterior te traigo en este momento una serie de planteamientos, que serían en realidad los pasos necesarios que requieres dar, con el objetivo de dejar resuelta toda la situación que evaluamos en el capítulo anterior.

Cinco principios básicos, cinco consejos que emanan de toda la estructura de pensamiento de la escuela de Zenón, que llevada a la práctica en pleno siglo XXI puede resultar la clave de la felicidad que tanto anhela el hombre y la mujer de hoy día.

Quiero principalmente que esto que voy a traerte a continuación lo tomes, no como la adquisición de un principio teórico de una materia particular, sino que necesito que cada uno de los consejos que te estaré dando en este capítulo, se convierta en un principio en el cual puedas reflexionar profundamente por un buen tiempo, toma cada principio y refuérzalo con un día dela semana que se convierta en el día de dicho principio, es decir, vas a tomar un día para pensar, reflexionar y sacar la aplicación a tu vida de cada uno de ellos

Vamos a ver entonces en cinco seguros pasos como

es que vamos a quitar todo ese ruido que suele acechar nuestra mente y desviarnos del propósito fundamental de la vida.

Vive cada día como el último

Alguna vez alguien me contó que vivió una experiencia bastante dura en la vida, aunque fue producto de una confusión, esta experiencia marcó su vida para siempre, este amigo tras una evaluación médica esperaba los resultados, dos días luego de haber llevado a cabo la realización de dichos exámenes recibió una preocupante llamada, era su médico indicándole que debía ir a la mayor brevedad posible al consultorio.

Desde luego que esto ocasionó una gran preocupación en mi amigo, al llegar a la consulta la preocupación fue mayor al ver la prioridad que recibió ante otros pacientes, y la cara de preocupación que tenía el doctor, este, de manera pausada pero sin evitar el tono de preocupación le tenía que notificar a mi amigo que lamentablemente se encontraba en una condición muy mala, de hecho el parte médico indicaba que estaba infectado por una terrible enfermedad y que su vida en cualquier momento empezaría a desvanecerse.

Muchas cosas pasaron por la mente de mi amigo, todo tipo de pensamiento se apoderaron de él, incluso me cuenta como pensó en ese mismo momento la posibilidad de acelerar el proceso y quitarse la vida.

Pero a pesar de todas las cosas que pasaron por su cabeza hubo un pensamiento que se detuvo y comenzó a dar vueltas y vueltas sin parar, Lían, su pequeño hijo de tan solo un año de edad, su unigénito, no solo estaba atormentado porqué su hijo crecería sin contar con su presencia, poder defenderlo en el momento del peligro, o consolarlo en su primer desamor, no enseñarlo a afeitarse cuando estuviera creciendo le dolía, pero indiscutiblemente no era lo que más le preocupaba.

La preocupación más grande que embargaba a mi amigo era el no haber dejado el mundo preparado para que su hijo viviera en él, ni un legado, ni una herencia, ninguna enseñanza o una marca sobre la tierra que sirviera para cuando este hubiera crecido alguien le dijera, "por aquí camino tu papá".

Nunca lo había pensado, estaría quizás tan seguro que viviría por muchos años por lo cual tenía tiempo de sobra para lograr lo que quisiera.

Pensar que nos sobra el tiempo es un error enorme, todos celebramos la fecha de nuestro nacimiento, pero nadie sospecha cuando partirá de esta tierra, por lo tanto existe una alta probabilidad de que un día cualquiera toque partir de esta vida sin si quiera la posibilidad de decir adiós.

Afortunadamente lo de mi amigo no fue más que una muy mala experiencia y todo había sido producto de una confusión, sin embargo, la experiencia lo marco para siempre, notó que había perdido mucho tiempo en su vida, y que aunque jamás lo recuperaría debía saldar unas cuantas deudas pendientes consigo mismo.

No hay tempo de sobra, no hay tiempo que perder, todo lo que contamos es con un recurso limitadísimo llamado tiempo, mismo que debemos valorar y cuidarlo con el celo de quien protege un diamante. Vivir cada día como si fuera el último representa la diferencia entre una vida productiva y una vida mediocre en términos de productividad.

¿Por qué es necesario vivir cada día como si fuera el último?

La respuesta es muy fácil, se trata de sacarle el mayor provecho a la vida, y para sacar el mayor provecho se requiere tener la premura de que el tiempo que te queda es corto, déjame darte un ejemplo sencillo, imaginemos que hay ciertas tareas que debes realizar en tu trabajo, y una de estas tareas normalmente la llevas a cabo en una semana, pero este día cuando llegas a tu trabajo el jefe te plantea que había un trabajo pendiente y había olvidado pasártelo, solo quedan dos días para la entrega.

Ante esta situación que de seguro la has vivido, y que desde luego todos alguna vez en la vida hemos vivido, haces lo que sea para maximizar el tiempo y lograr en estos dos días lo que normalmente harías en una semana. Toma acciones en esa dirección, básicamente quiero que comprendas que las acciones que se deben tomar para ejecutar la tarea encomendada por el jefe, la tomes como principio de vida, de eso quiero hablarte a continuación y te las voy a presentar cada una de ellas a modo de consejos.

Consejo # 1: Eliminas toda la distracción

Esta es, fue, y ciertamente será lo primero que vas a hacer en el caso hipotético del que estamos hablando, generalmente este trabajo que llevas a cabo en una semana se desarrolla en medio de quince minutos de descanso, un ratito de tertulia entre compañeros de trabajo, responder uno que otro mensaje de texto y así por el estilo.

La misma acción suele realizar el chofer que va conduciendo en una nueva ciudad, y luego de cierto tiempo se encuentra con la realidad de estar perdido, lo primero que hace es bajar el volumen de la música, incluso apagarlo, bajar los vidrios y ajustar todo lo que sea necesario para tener un mejor panorama de todo, así podrá dedicar su esfuerzo en conseguir la ruta necesaria para volver al camino.

Entonces para sacar mayor provecho de tu vida debes necesariamente eliminar todas esas cosas que quiten tu mente del centro y te mantienen en un completo divagar, restándote de manera negativa la productividad que se necesita para ser feliz en la vida.

Desarrolla el enfoque

Justo este concepto es el que ha puesto en práctica el chofer del ejemplo que acabo de ponerte, toda esa carga de distracción no haría más que mantenerlo dando vueltas y vueltas sin llegar a ningún lado, así que una vez hayas logrado eliminar toda la distracción debes enfocarte, de manera que tus fuerzas estén dirigidas de forma adecuada hacía los logros que como personas te has trazado en la vida.

Trabaja duro

Y quiero aclarar un asunto sobre esto último, trabajar duro no quiere decir de ninguna manera que se trate de perder tu vida enfocado en el trabajo, y hago la aclaratoria porque los logros personales y las metas en la vida no están necesariamente dirigidas al asunto financiero, (aunque pudiera también ser parte, ¿por qué no?) pero esto va más allá de un solo aspecto en la vida, trabajar duro se refiere a regar el árbol de amor familiar para que crezca , trabajar duro puede ser luchar por dejar el legado como persona que debes dejar, todo lo que direccione tu vida hacia un mejor porvenir, requiere que des el todo por el todo como si fuera tu último día.

Para culminar con la experiencia de mi amigo quisiera comentar que una de las ideas que llegó a su mente en el momento de la desesperación cuando pensó que iba a morir, se ha convertido en su estrategia de negocios, y ha logrado gracias a esta mala noticia accidental convertirse en un gran empresario.

Desarrolla el auto control y la templanza

Despejar nuestra mente y lograr silenciar todo el ruido que hay en ella jamás será una verdadera y objetiva posibilidad sino hay algo conocido como autocontrol, la bulla que generalmente acapara la mente de muchas personas suele suceder porque tienen la mente en piloto automático, lo que implica necesariamente que la mente está con la completa libertad de hacer y deshacer a su manera y antojo.

No obstante, tomar el control de los pensamientos requiere de ciertas estrategias, pero los beneficios son múltiples si tan solo nos proponemos tomar el control de la mente y controlar lo que por ella pase.

Pero esto no puede limitarse solo al plano de los pensamientos, por eso el enfoque en algo llamado "templanza" se trata de ir más allá de los pensamientos, es lograr tener el absoluto control sobre nuestras pasiones, la templanza es lograr un buen manejo de nuestras decisiones en medio de los deseos propios, de la más profunda humanidad por la que estamos atrapado.

Imagina que te encuentras frente al semáforo mientras la luz está en rojo, esperando como es normal, que la luz cambie a verde para continuar tu camino, entre tanto que esperas tu cambio de luz sorpresivamente detrás de ti llega otro coche y te golpea por el maletero del tuyo, pero para agregarle más drama, asumamos que tu coche tiene apenas una semana que lo has sacado de la agencia, ¿qué es lo que dice tu mente, tus instintos, y tu yo más interno que hagas en ese momento?

Lo completamente normal en una persona sin autocontrol será, seguramente, bajar lleno de una profunda ira, lo más seguro es que esto termine muy mal.

El autocontrol y la templanza marcan el límite entre lo que deseas hacer y lo que debes hacer, allí radica toda la enorme diferencia entre la templanza y el desenfreno. Pero vamos a dar un vistazo rápidamente hacia dónde navega el barco de la vida cuando el agua por la cual estas navegando se llama templanza, voy a mostrarte los beneficios que tiene en el individuo el desarrollo de esta virtud que estamos tratando en este momento.

- Lo primero que debemos apuntar es justamente el resultado del ejemplo del amigo del coche, saber afrontar de manera más eficiente las crisis en las que te ponga la vida
- Te ayudará a tener una relación más

saludable en los diferentes entornos en los
que te desempeñas, o sea laboral, familiar, y
social

- Es la mejor manera de mantener la calma, el
autocontrol te resultará muy útil para no
cometer excesos

- Es el mejor método de controlar los niveles
altos de estrés en el momento que te sientas
bajo presión

- Es un método eficaz de mantenerte
concentrado

- Mantiene tu estado de autoestima en los
niveles óptimos

Pero adicional a todo lo que acabo de mencionar, y
sin duda uno de los resultados más favorables de
desarrollar la templanza, es que te ayudará a tomar
mejores decisiones en la vida, y es justamente esto lo
que lo hace uno de los aspectos más importantes, es
que la vida no se compone de algo tan marcado,
como el hecho de tener que tomar decisiones, cada
día, cada paso, cada acción debe estar marcada por
una decisiones, así que una mente que se encuentra
desequilibrada en este sentido, lo más seguro que va
a suceder es que las decisiones que tome estarán
acorde con el descontrol en el que vive la mente.

Ahora voy a enseñarte los pasos que debes seguir para desarrollar de manera eficaz la templanza y el autocontrol, así que presta la mayor atención y decídete tomar el control de tus pasiones de una vez y para siempre.

Paso # 1: Convéncete, claro que se puede cambiar

¿Has escuchado alguna vez aquella frase "yo soy así, nada me puede cambiar"? seguramente que sí, es más, es muy probable que algunos de nosotros lo hayamos dicho alguna vez en la vida. Déjame decir que es una enorme mentira, no somos así, nos convertimos en eso desde que abandonamos la inocencia normal de ser niño y la canjeamos por un chorro alguna vez grande otras no tanto, de soberbia.

No somos así hemos decidido ser así, la otra gran mentira es que nada puede cambiarte, la verdad ante esa premisa en todo caso puede ser, "no quieres cambiar", pero claro que es posible, no hay nada en este mundo que con una buena dosis de determinación no sea imposible, en realidad lo único que es verdaderamente imposible realizar en esta vida, será aquello que no tengas la intención de lograr.

Paso # 2: Define con claridad donde debes aplicar control

Debes hacer una evaluación del área específica de tu vida que requiere la mayor atención, dónde es que debes poner el mayor esfuerzo, para esto es que debes realizar constantemente un monitoreo de tu vida, para que puedas evaluar concretamente donde tus pasiones se están manifestando más en ti, y es que es perfectamente posible que sobre algunas cosas tengas un nivel de control maravilloso, mientras que en otras todo suele escaparse de las manos.

Observa esta situación de un par de hermanos que son mis amigos de la infancia, ambos desde muy pequeño tuvieron una fuerte inclinación al sobrepeso, es decir, los dos siempre fueron gorditos, al ingresar al bachillerato ambos agarraron el hábito de fumar cigarrillos.

Pasado muchos años, me encontré con ambos nuevamente y con el siguiente cuadro: uno había logrado iniciar el mundo de los deportes y la vida fitness, mientras que el otro siguió teniendo su mismo problema de sobrepeso, no obstante, el que había logrado bajar de peso y tener un cuerpo más definido seguía siendo un fumador activo, pero exageradamente activo, este individuo era capaz de fumar hasta dos cajetillas de cigarrillo diaria, mientras que el que no había logrado superar el problema de obesidad hace muchos años que había dejado el cigarrillo sin ningún inconveniente.

Así que, aunque es importante desarrollar la templanza como virtud a nivel general para la vida, es importante de igual manera practicarlo enfocado en el área específica que necesitas moldear.

Paso # 3: Desarrolla el autocontrol creando buenos hábitos

El enfoque del consejo que te acabo de dar antes es realizar lo que no estás acostumbrado a realizar, si tu problema suele ser la procrastinación, es momento de convertirte en la persona más eficaz de la historia, nada, pero absolutamente nada de lo que puedas hacer hoy lo vas a dejar para mañana, debes comenzar a decir adiós a la palabra "luego" ya eso no existe, insisto, crea el hábito que resulte ser contrario al viejo hábito que quieres superar.

Tal como ya he señalado, no es cierto que alguien haya nacido de tal o cual forma, (esto en dirección al comportamiento) lo único que podemos decir que realmente es algo que vino diseñado de ese modo, es el temperamento, sin embargo puede controlarse perfectamente, pero de resto todo cuanto hay en nuestro carácter sea bueno o malo, es en realdad y por regla general algo aprendido, es producto de la impronta que recibimos en el proceso de la vida.

Aquel hombre cuyo hogar en el que se formó en el que creció era un hogar lleno de violencia, lo más seguro es que sea eso exactamente lo que manifestará en el futuro en su propio hogar, así que sin importar cuáles sean los hábitos que hayas tenido en tu vida, es momento de llevar a cabo hábitos diferente.

Mantén una buena actitud frente a los errores

Ya en el anterior capítulo dejamos claro cómo es que una actitud negativa hacia nosotros mismo tiende a llevar a cabo un ruido espantoso y completamente aturdidor en nuestra mente, y esto es el resultado bien sea directo o indirecto de la inclinación negativa y sin sentido que en mucho de los casos algunos suelen tener frente a los errores.

Pero hablando de improntas, esto es el resultado en muchos casos de situaciones aprendidas, aún recuerdo aquellos años en que muchas madres o padres como medio pedagógico para enseñar a leer o cualquier tarea a los hijos usaban los más terribles azotes, "eme con la a", decían, y se esté por casualidad decía algo incorrecto el castigo era inminente, ante esta triste pero muy normal situación (al menos para aquellos tiempos), fue motivo de que muchos de esa generación naciente crecieran con la idea errónea que equivocarse está mal.

Alguien dijo en una oportunidad "quien no comete un error es simplemente porque no está haciendo nada", hacer es igual a errar, quien no quiere cometer un error sencillamente que se siete y nunca más se levante, y aun así hay la posibilidad de cometer un error en el pensamiento.

Desde luego que esto no quiere decir que debemos andar en la vida sin la menor precaución, cometiendo errores a discreción sin recibir las posibles consecuencias de nuestros errores, desde luego que no, pero hay que aprender a ver de manera más objetiva todo esto.

Hay que ser conscientes entonces que cometer errores es algo que es completamente normal, y que nos guste o no va a seguir existiendo, de manera que ¿sino van a desaparecer los errores, qué se debe hacer?, bien lo que debe desaparecer es la mala relación que puedes tener con los errores.

Un error no es más que un ejemplo nuevo de cómo no se debe hacer algo, ¿acaso crees que los grandes inventos de la vida surgieron de un solo intento? Desde luego que no, todo lo que tenemos en nuestro alrededor es producto definitivo posiblemente de un enorme número de errores.

De esta manera te quiero regalar los tips que te van a abrir la puerta a una posible mejor relación con los errores, y dejes de estar constantemente culpándote por las fallas que hayas cometido en el pasado.

Tips # 1: Asegúrate de no cometer los mismos errores

El adagio que mencioné hace un momento culmina de la siguiente manera,"quien no comete errores es que no está haciendo nada, pero quien comete los mismos errores es que no está aprendiendo nada", ya lo dije antes, un error es solo un ejemplo de cómo no debe hacerse algo, pero si continuas cometiendo los mismos errores siempre, es posible que estemos frente a un cuadro que testarudez, por lo tanto asegúrate que el error que cometiste no se repita.

Tips # 2: Aprende la lección

Si es cierto que un error es solo una lección nueva, pues debes aprender bien la lección de lo contrario estarás sacrificando demasiado, una vez que haya ocurrido un error, una falla en lo que quiera que estés emprendiendo, debes asegurarte que el aprendizaje que se desprenda de esta situación lo absorbas lo más profundamente posible, de hecho esta es la única garantía que puedes tener de no cometer el mismo error en otra ocasión

.Tips # 3: Asume con responsabilidad las consecuencias

El principio es el siguiente: toda acción tiene una reacción, no es correcto creer que por reflexionar tras el error cometido no habrá consecuencias, parte de la madurez y de la responsabilidad que implica ser consciente de los errores cometidos, es asumir de manera responsable las consecuencias de dichos errores, por lo tanto no cometas el error de incurrir en la típica queja del ¿por qué a mí?

Imaginemos que quisiste hacer una inversión en el deseo de proyectarte como empresario, pero resulta que tu acción fue un error y no invertiste con inteligencia, has aprendido una gran lección, ya tienes experiencia para que la próxima vez lo hagas con más inteligencia, ¡muy bien! Es muy sensato de tu parte, pero aun así no podrás evitar que las consecuencias te atrapen, posiblemente habrás perdido tu dinero, o habrás incurrido en una deuda, asume las consecuencias con la responsabilidad que amerita el caso.

El hecho de ser vegetariano no significa que si un león te encuentra no te comerá, así mismo, que seas una persona responsable, que hayas aceptado la falla no evitará que debas cargar con las consecuencias de dicho error.

Tener una relación saludable con tu error será la forma perfecta de tener una relación más sana con el porvenir, nunca debes culparte, nadie es perfecto, lo mismo que nada de lo que se quiera en esta vida es perfecto, siempre y en cada área de la vida se correrá el riesgo de fallar.

Mantente enfocado

Una mente enfocada jamás padecerá ruidos, el enfoque es la herramienta perfecta para evitar los ruidos, de hecho, estos son la consecuencia directa de tener la mente libre y dispersa, cuando andamos en la vida sin una razón clara y objetiva del por qué te levantas cada mañana, estás dejando tu mente libre para que todos los escándalos de la vida se alojen en ella.

¿Qué es el enfoque?

Enfocarse es una gran habilidad, y esta consiste en lograr eliminar las distracciones que normalmente pueden haber en la mente de las personas, estas distracciones, tal como ha quedado demostrado, son las causantes directas de perder de vista los verdaderos propósitos en la vida, una mente que no se mantiene enfocada divaga entre multitud de pensamientos, de deseos, pero le resulta completamente imposible llegar a ningún resultado, pues no concreta nada.

Una mente desenfocada lleva a la persona a actuar de acuerdo a los sentimientos, y no hay mayor peligro que una mente llena de ruido, un día tiene miedo porque los ladrones pueden llegar, así que quiere practicar defensa personal, al día siguiente lo preocupa que la empresa para la cual trabaja se vaya a la quiebra, por lo que piensa que es momento de empezar su propio negocio, y en esto ocupa la mente todo ese día, luego se encuentra preocupado por cualquier cosa y su mente se mantendrá así dando vuelta entre una y otra cosa y jamás llegará absolutamente a nada.

Es por tanto importante pero más que eso vital que saque todo este tipo de ruido de la mente y desarrolle claridad mental, y la manera es logrando desarrollar un buen enfoque en la vida, pero para tener una visión más clara sobre este asunto vamos a ver una serie de beneficios que aporta a una persona mantenerse enfocado en la vida.

Es más fácil alcanzar las metas

Quizás estoy siendo generoso en el enunciado que acabo de hacer, no solo es más fácil, quizás la única manera de alcanzar las metas, lograr los objetivos cualquiera que estos sean debe ser solo a través del enfoque, mantener tu mente fijada en un solo asunto hará que tus fuerzas estén dirigida en este asunto, y tus acciones lo mismo, cada paso que des va a estar enfocado en lo que te has propuesto, y te garantizo que de esta forma podrás lograr lo que sea.

Sacarás mejor partido de tu tiempo

Ha quedado claro en las líneas anteriores que el tiempo es un bien de un valor incalculable, por lo tanto es importante en aras de caminar rumbo a la realización de tu propósito en la vida, pero de igual manera para alcanzar la felicidad, administrar de manera correcta tú tiempo. Estar enfocado te va a ayudar a librarte de andar haciendo cosas que no son para nada provechosas, sino que estarás concentrado en aquello que es verdaderamente importante.

Disminuyes las probabilidades de fracaso y errores

Cada vez que tras un error se aprende la lección surge la pregunta ¿cómo no lo vi antes? Es muy fácil, no lo viste sencillamente porque no estabas enfocado, tener una buena relación con los errores es importante, pero lograr minimizar la posibilidad de cometer errores es mucho mejor, y la manera en la que esto puede ser posible es sin duda alguna a través del enfoque.

Suele suceder que una persona adquiere un auto nuevo, lo compró con especificaciones muy detallada porque así es que le gustaba, así lo quería, en consecuencia así fue que lo adquirió, en el momento que lo miró en la agencia quedó impactado, y se da cuenta que es justamente el coche de sus sueños, está convencido que será la envidia de todos.

Pero una vez que sale con su nuevo coche, de manera casi automática comienza a notar que en cada semáforo, en cada esquina, en cada estacionamiento hay un coche con las mismas características que las que este acaba de adquirir, "no lo había notado", ¿sabes lo que en realidad sucedió? Que no tenía el enfoque, ahora que está en su nuevo coche se va a dar cuenta que habían más de los que este pensaba.

Estos son solo algunos de los principales beneficios de estar enfocados, seguro que son muchos más, sigue la propuesta que te hago y descubre por ti mismo todos los beneficios que te ofrece mantenerte enfocado, por el momento quiero darte una serie de consejos para que puedas desarrollar un buen enfoque en la vida.

Consejo # 1: Debes tener claro la definición de enfoque

Una clara definición será la puerta de entrada a un verdadero enfoque, por ello aunque ya te lo he planteado al principio de este apartado, quiero hacer un especial énfasis en esto, para estar enfocado requieres de una serie de elementos que si no existen entonces no hay a donde ir, ¡no hay enfoque!

Los elementos de los que estoy hablando son un proyecto, es en eso que debes tener el enfoque, no importa que aun sea solo un sueño, pero si no existe este proyecto ¿en qué vas a estar enfocado? Lo siguiente será la determinación, es decir la decisión en tu vida que eso que puede que sea un sueño o que ya se haya convertido en un proyecto, se cumpla, se haga realidad, por ultimo concentración, es decir que todo cuanto hagas, todo cuanto pienses esté dirigido hacia esto en lo que has puesto tu enfoque.

Consejo # 2: Marca la diferencia entre enfoque y obsesión

Los extremos desde donde quiera que se vean son dañinos, no importa de qué se trate todo aquello que se marca exageradamente hacia un lado, es decir en el punto que la balanza se inclina demasiado hacia un lado ya esto significa que se está andando por senderos erróneos, por esto es que en el tema de enfoque hay que tener también un perfecto equilibrio, de lo contrario esto que queremos ver como enfoque puede estar convirtiéndose en una obsesión, y esto es completamente dañino.

Un enfoque correcto es aquel que no te desconecta del resto de las responsabilidades que tienes, es decir manejas el equilibrio perfecto entre cada una de las áreas de la vida sin perder el objetivo de lo que te has propuesto como meta de vida. Pero en el punto que este enfoque comience a alejarte del resto de las obligaciones que puedes tener, y comience a interferir en tu trabajo, en las relaciones familiares o sociales, puede ser que estemos frente a una obsesión más que enfoque, en este punto detente.

Consejo # 3: Nútrete de tu enfoque

Llena todo tu entorno de tu enfoque, pero como dije

anteriormente sin tener que dejar de lado el resto de las cosas importantes para ti, es decir incluye a tu familia, tus amigos y cada entorno de lo que es tu nuevo proyecto de vida, toma un tiempo de tu día para meditar en ello y para mantener tu mente en un buen nivel y buena relación con tus propósitos de vida.

Debes tener claro cuáles son tus prioridades

Para llegar al punto en el que estamos enfocados en este momento se requiere necesariamente manejar un perfecto equilibrio entre tus proyectos de vida y el resto de cosas con las que tienes que lidiar normalmente, por este motivo es que se hace completamente necesario a partir de tu nuevo proyecto, tener una perfecta relación entre tu camino y el resto de las cosas que son realmente importante en la vida.

Lo que trato de señalar es que la realización personal de un particular no es algo que pueda mantenerlo aislado del resto del mundo, sino que una realización verdadera será tal a la medida que dicho proyecto guarde una perfecta relación con el resto de cosas que son importantes, entonces ¿cuáles son tus prioridades?

Esto estará sujeto desde luego al caso particular de cada individuo, pues una vida puede ser completamente distinta a otra, y en este sentido habrá que hacer un ajuste personal de ciertos principios genéricos.

¿Por qué es importante establecer prioridades?

Se trata sencillamente de establecer el nivel de importancia que tiene cada cosa, y en consecuencia determinar el nivel de atención que se le dará a cada una de esas cosas, cuando has logrado establecer un enfoque, este deberá estar realizado en función del resto de temas que conforman tu vida, lo mejor que puedes hacer en este sentido es hacer una lista y enumerar el orden de prioridad que tiene cada cosa en la vida, este orden guardará una estrecha relación entre tu propósito (representado en tu felicidad) y la importancia de cada uno de esos elementos.

Por ejemplo tu núcleo familiar (hijos y pareja), luego tus familiares, (padre, madre, hermanos, sobrinos, tíos, etc.) el trabajo, la satisfacción personal, etc.

Ya tenemos de esta manera cinco claves interesantes, que debes recordar son principios que nos ha regalado el sistema de pensamiento estoico y que como has podido ver son perfectamente aplicables en nuestros tiempos, por esta razón las he compartido contigo en este capítulo, pero esto no queda aquí, hay una serie de principios que la escuela estoica nos ha dejado para construir de manera responsable pero metódica, las bases fundamentales y necesarias para que nuestra felicidad sea un objetivo alcanzable, así que continuemos viendo más sobre este asunto.

ENFÓCATE EN LO QUE PUEDES CONTROLAR

Bienvenido al capítulo cinco, este capítulo es el encuentro con uno de los aspectos más importantes del sistema estoico, y es la idea de crear un enfoque en lo que realmente vale la pena hacerlo, en el capítulo anterior ya te había mencionado todo lo referente al enfoque, pero en este momento quiero hacer una connotación si bien no del todo diferente, la dirección es muy clara, no perder el tiempo enfocándose en las cosas que en realidad no merecen la pena.

En este sentido debemos recapitular lo que ya hemos conversado en varias oportunidades, y es efectiva-mente las cosas que debemos cambiar de nuestras vidas, que pueden estar creando una terrible barrera que nos impide el avance hacia lo que queremos, es decir la realización personal.

Pero ante todo lo anterior muchas personas se mantienen intentando cambiar cosas de la vida (internas o externas) que no tiene en realidad ningún sentido querer cambiar, bien porque no es necesario o bien porque es imposible hacerlo.

La relación que tengamos con los resultados que podamos encontrar en la vida, puede ser un factor importante para determinar si seguiremos luchando por lograr lo que queremos, o si finalmente terminaremos frustrados en el caso que estos resultados sean desfavorable, pero hay que estar completamente claros que hay cosas que no podremos cambiar, por lo tanto de esta realidad se desprende uno de los más importantes principios de la filosofía estoica, "no luches contra lo que no podrás cambiar"

Asumamos que has pasado todo el año planificando tu boda, has tenido todos los detalles en cuenta, los gastos, los invitados, los anillos, el vestido, el traje, y cada uno de los elementos necesarios para que tu boda se celebre por todo lo alto, pero justo el día de la boda, minutos antes de esta, el sacerdote que auspiciaría la ceremonia sufre un accidente de cualquier característica y fallece.

Según los criterios de la organización nada podía salir mal, todo estaba perfectamente calculado, pero circunstancias como estas no se pueden prever, no sirve de nada que en la próxima organización de tu boda quieras tener un médico para caso de algún accidente.

Nada de eso tiene sentido, hay que cosas que son innegociables pero hay aquellas que si pueden cambiar, y ahora haciendo una contextualización de esta analogía a la vida, tenemos que ver claramente que muchas de las cosas que pueden resultar un tropiezo para alcanzar los objetivos no se pueden cambiar, pero hay otras que por supuesto que se pueden cambiar, de ello voy a hablarte en las siguientes líneas.

Controla tu carácter

¿Qué tanto sabemos del carácter? Posiblemente las nociones que tenemos respecto a este aspecto tan importante de la vida humana son demasiado vago, me explico, es común escuchar expresiones como "es que nací con un carácter muy malo". Expresiones como estas demuestran que el entendimiento acerca de lo que es el carácter resulta verdaderamente muy bajo.

Nadie nació con el carácter de tal o cuál modo, el carácter se trata básicamente de los rasgos que asume una persona en torno a su comportamiento y la relación de este con el medio que interactúa, pero bien, el carácter está definido por algunas aspectos que habrá que evaluar, lo primero es lo que puede haber recibido a manera de aprendizaje en la impronta recibida en el proceso de formación de su vida, pero más importante aún, está marcada por los rasgos propios del temperamento de la persona, entonces vamos a definir qué es el temperamento para poder comprender cómo es que este ejerce influencia sobre el carácter.

Cuando hablo de temperamento me estoy refiriendo básicamente a los elementos que componen la personalidad de un individuo pero que son estables, es decir estos si se encuentran establecidos de manera natural en el individuo, pues lo ha recibido en la genética humana, no son negociables, este temperamento es el que modifica el carácter y permite que el mismo tenga algunas características particulares.

Pero como he dicho antes, el carácter, que son las actitudes por lo general aprendidas y en algunos casos reforzadas por el temperamento, si puede ser modificado lo que es lo mismo que puede ser controlado.

¿Por qué hay que controlar el carácter?

El carácter es el aspecto de nuestro ser que determina la acciones que tomamos ante los distintos escenarios en los que nos encontremos en la vida, por lo tanto muchas de las decisiones y las acciones que tomamos en la vida guardan una estrecha relación con nuestro carácter, en consecuencia un carácter sin la formación adecuada puede ser la puerta perfecta para acciones incorrectas.

"Ella es una persona con mucho carácter" ¿lo escuchaste alguna vez? Por lo general este tipo de idea surge ante el deseo de reflejar una persona que suele ser agresiva, exigente, que todo lo reprocha, pero no hay algo más lejos de la realidad, aunque se suele hacer una separación entre bueno y mal carácter la realidad es que una persona que generalmente se deja llevar por los impulsos, actúa de manera desmedida e inconsciente en realidad es una persona que no ha formado su carácter, mantiene en el mismo estado las formas naturales de un niño, por lo tanto la verdad es que no formó su carácter, aunque es aceptable decir que formó un mal carácter.

Pasos para controlar el carácter

Como acabo de mencionar está bien decir que tiene un mal carácter aunque lo correcto sería en cualquier caso asumir que lo que está sucediendo es falta de carácter, ahora bien quiero darte una serie de pasos que debes seguir para tomar el control de forma definitiva y darle el control adecuado a tu carácter.

Paso # 1: Piensa antes de actuar

Cuando vas a empezar un dialogo con la frase "usted me va a perdonar" de plano ya se sabe que lo que vas a decir no se debe decir, lo mismo sucede con las acciones, cada acción que vayas a tomar en la vida debe estar medido antes de hacerlo, actuar por el solo impulso del temperamento es el causante de los peores errores en la vida.

Paso # 2: Aprende a distinguir lo que es verdaderamente carácter

Todo lo que acabo de decir no se trata de meros caprichos, no tener claro qué es el carácter es la causa principal por la que muchas personas andan cometiendo excesos, debes evaluar la virtudes del carácter, por ejemplo la templanza, la bondad, la misericordia, etc.

Paso # 3: Detecta los impulsos

Efectivamente un mal genio o mal carácter, carácter desenfrenado o como quieras llamarlo, no es más que el producto de impulsos desenfrenados, por lo tanto debes hacer una perfecta evaluación de cuáles son esas acciones que normalmente estas ejerciendo de manera irracional, sobre ellas debes tener especial atención, y tener un muy importante cuidado de ir tomando el control sobre ellas.

Controla el ego

Es muy probable que hayas escuchado esta palabra infinidad de veces, en dirección a ella es igualmente importante como en el caso anterior hacer un deslastre de cualquier tipo de idea errónea que surja en torno a este asunto, para ello nos preguntamos antes que nada ¿Qué es el ego, es bueno o es malo? Para poder entenderlo hay que ver algunos aspectos que está necesariamente ligados al tema del ego.

Para lograr lo anterior ante todo vamos a definir, el ego significa "yo", el ego es la representación que cada cual tiene de sí mismo, es el reconocerse como un ser, independiente, individual, con su propios rasgos de identidad, es todo, o sea, el ego es la identidad personal. Ante esta aclaración no hay un juicio que pueda emitirse más que el adecuado, "el ego es bueno", de hecho es necesario.

¿Qué es lo que debemos controlar?

Vamos a ver los aspectos que ya he mencionado que están irremediablemente ligados al ego, para poder comprender bien la dirección de todo este asunto. La psique humana está compuesta por tres elementos, que serían: "ello, yo y superyó" esto basado en la teoría de la personalidad que desarrolló el padre del psicoanálisis Sigmund Freud, veamos cada una de ellas.

El "ello" está dirigido a lo que son algunas características si se quiere naturales, es decir elementos de la psique humana que vienen pre establecidas en el diseño de cada individuo, a saber: los instintos, las voluntades y los deseos de cada persona.

En cuanto al "yo" este surge como consecuencia de la interacción del individuo con su entorno, de manera que el ello se va adecuando a la realidad que tiene en su al rededor, de esa forma se va creando esa identidad personal, es decir que el yo, es el mecanismo de la psique humana tratando de regular la acción del ello, adecuando cada aspecto de la vida para que el ello se mantenga ajustados a la realidad.

El superyó por su parte es el producto final, se puede decir que es el resultado del yo en regulación de ello, y está marcado por los valores culturales y los ideales de cada individuo.

La medida en que el ego comienza a sobreponerse sobre todas las cosas, es el punto en que esto comienza convertirse en un problema, el ego es algo dañino justo cuando una persona comienza a darle un valor excesivo a su propia identidad, al punto que comienza a ver con desprecio la identidad y las características del yo de otra persona, comienza a despreciar, las creencias, los valores, las virtudes, centralizando toda la importancia en sí mismo, esto es lo que debemos desechar de nuestras vidas, pero ¿Cómo podemos controlar el ego? Sigue los siguientes pasos:

Paso # 1: Comprende a cabalidad que es el ego

La primera acción en dirección del control del ego, es saber correctamente qué es y para qué sirve, de esa manera podrás tener presente cuándo el ego se está escapando de las manos.

Paso # 2: Niégate a aceptar algunas ideas

Cuando el ego está saliendo de control comienzan a llegar ideas que aunque no parezcan son verdaderamente destructivas para las personas, por ejemplo: las ideas de grandeza, esa sensación de extrema seguridad, de superioridad, esto debes cerrarlo de plano de tu vida, dicho mejor aún mantén tus pies sobre la tierra, no se trata de negar tu valor y disfrutar de tus virtudes, pero no permitas que estas virtudes se sobrepongan por encima del respeto y el valor que debemos a cada una de las personas que nos rodean.

Paso # 3: Reconoce el valor de los demás

Ahora no solo se trata de mantener tu identidad sujeto a la realidad, o sea, pie sobre la tierra, más aun se trata de poder ver las virtudes de los demás, no trates de acaparar la atención, y quiero ser claro en esto, no estoy tratando de enseñarte que le des poco valor a tus virtudes, pero que tu mayor virtud sea la humildad y la empatía, y sobre todo que la mejor alabanza que haya en ti sea la que los otros hagan de las virtudes que naturalmente reflejas.

Controla tus emociones

Primero que nada ¿Qué son las emociones? Esta es la reacción mental que tenemos los seres humanos frente a ciertos estímulos, estos estímulos pueden ser mentales o reales y por lo general entran a nuestra mente por medio de los sentidos, es decir lo que vemos, olemos, sentimos, oímos y saboreamos, va a generar una reacción natural en nuestra mente y va a desencadenar una emoción.

Pero además de eso hay estímulos mentales que surgen por ejemplo dentro del recuerdo de ideas de estímulos pasados, las emociones básicas son: el miedo, la alegría, el asco, la tristeza, la ira y la sorpresa, estas son las emociones base que puede generar diferentes tipos de sensaciones, de hecho hay estímulos que pueden producir más de una de estas emociones.

¿Qué hay de malo con las emociones?

¿Qué es lo que debo controlar de las emociones?

Sobre esto es que quiero hacer referencia, imagina que acabas de ver a una vieja amiga que hace mucho no veías, pero resulta que la última vez que la miraste estaba esbelta con una figura maravillosa, ahora la encuentras con un problema de obesidad mórbida, al mirarla estas estimulando un sentimiento, posiblemente la sorpresa, ¿cuál sería la acción correcta y la incorrecta en esta situación?

Emociones controladas: "amiga años sin verte,

cuéntame, ¿cómo has estado, como está la familia, que es de tu vida?

Emociones descontroladas: "María ¿Qué te pasó, por qué estas así de gorda si tú siempre fuiste una mujer tan bonita y delgada?

Espero que la analogía pueda aclarar este asunto, y esto es aplicable para cada una de las emociones, no podemos permitirnos desde ningún punto de vista que nuestras emociones anden por allí, actuando sin el debido control, haciendo y deshaciendo a sus anchas, hay que tener mucho cuidado con todo eso, hay que tener las emociones en el justo lugar.

Para lograr esto quiero darte 5 claves para que puedas controlar tus emociones y de esta manera evites los excesos que pueden surgir a raíz de estas.

Clave # 1: Reconoce tus emociones

Enfócate en cuáles son las emociones que requieren que le prestes especial atención, debes saber cuáles son las que están fuera de control y necesitan ser atendidas de manera inmediata, puede ser problemas con la ira, o el excesivo temor, etc.

Clave # 2: Identifica los detonantes

Una vez que hayas logrado detectar cuáles son esas

emociones, debes ahora poder reconocer cuáles son los factores que detonan ese estado emocional, qué es lo que te enfada, qué te genera el temor descontrolado, incluso qué es lo que te lleva a esos excitados estados de alegrías en los que pierdes el juicio y haces cosas de las que luego debes arrepentirte.

Clave # 3: Cambia el rumbo de las cosas

Al tener claro que es lo que genera o hace que estalle esos estados emocionales, tienes que mantenerte alerta de los episodios donde normalmente ocurren esas situaciones, por lo tanto ante la alerta de que esto pueda ocurrir debes cambiar el rumbo de las cosas, por ejemplo, ya sabes que el partido de futbol te crea emociones descontroladas y puedes incluso terminar peleando con algunos amigos cuando tu equipo pierde, necesitas comenzar una terapia de ver tus partidos solo, hasta que logres controlar las emociones con las que estás luchando, no te permitas auspiciar las condiciones que generan el estado de descontrol emocional.

Clave # 4: Practica ejercicios de respiración

Por lo general cuando estamos excitados por alguna situación emocional particular, nuestra respiración se agita, de hecho esta es una de las principales señales, de manera que comienza a practicar ejercicios de respiración, desarrolla una respiración consciente y pausada, comienza a respirar poco a poco inhalando por la nariz, exhalando por la boca, esto aparte que es un buen oxigenante para el cerebro te irá devolviendo el estado de tranquilidad para que puedas evaluar de mejor manera las cosas.

Clave # 5: Practica la virtud de cada emoción

Cada emoción tiene su exceso, pero también su centro, sin importar el tipo de emoción de la que estemos hablando, por lo tanto cada una tiene un aspecto malo y uno bueno (el bueno pudiéramos llamarlo necesario), en este sentido debes descubrir cuál es el punto de equilibrio de cada una de las emociones, y que estas trabajen por su naturaleza justificada y no por algún tipo de descontrol, ejemplo, el miedo es un mecanismo de defensa ante el peligro, la alegría es un estado que genera gozo, y así cada uno de los sentimientos tiene una virtud que es importante que se resalte.

Controla tus ansiedades

La ansiedad debe ser sino el más, uno de los efectos de las emociones más importantes que existen, la ansiedad puede ser producto por ejemplo del miedo ante la inminente presencia del peligro, este mecanismo de supervivencia natural del individuo, organiza las funciones de todo tu organismo para que haga frente al peligro, o bien para brindarte mayores rutas de escapes de las que normalmente podrías ver en un estado normal.

Pero la ansiedad puede convertirse en una pesadilla a causa de los ruidos en la mente, una mente que constantemente esta reproduciendo ideas de miedo, de la catástrofe, de la hecatombe económica y pare usted de contar cuántas de estas ideas puede pasar por nuestras mentes a diario, es en este punto en que la ansiedad se convierte en un verdadero problema.

Se alteran los nervios, suben los niveles de glucosa en la sangre, se puede caer en un tipo de desequilibrio mental, como consecuencia de los altos niveles de estrés a los que está expuesto. Vamos a ver algunos consejos para superar estos estados de ansiedad.

Consejo # 1: cambia tus pensamientos

Si ya hemos evaluado que la ansiedad es producto de la serie de pensamientos que normalmente llegan a la mente de las personas, y que suelen de ser de carácter atemorizante, infunden miedo, incluso terror, debes comenzar a hacer un canje de estas ideas por pensamiento positivos, esto debes hacerlo de manera consciente, ya que si la mente está acostumbrada a andar en modo piloto automático, hay que introducir de manera consciente nuevos pensamientos que sean positivos hasta que esto se convierta en hábito.

Consejo # 2: Deja de luchar con lo que no puedes cambiar

La ansiedad suele surgir como esa lucha profunda por el deseo de enfrentar cosas que no se pueden cambiar, por lo tanto lo mejor que puedes hacer es aceptar la realidad y dejar la lucha de fuerza, hay cosas de la vida que evidentemente no se pueden cambiar, por lo tanto deja de luchar contra ellas.

Consejo # 3: Enfrenta tus temores

Muchas de las cosas que tememos en la vida suelen ser cosas que nunca sucederán o que en realidad no podrán hacernos daño, a los niños se les controlaba con la idea del "coco" y estos aprendieron a temer a algo que nunca vieron, por lo tanto debemos deslastrarnos de todos los "cocos" de la vida, las cosas que deben suceder, van a suceder, de resto lo que puede haber es una sobre carga de emociones sin sentido, debes vivir en paz.

Controla tus acciones

Las acciones son el resultado final de las emociones, por lo tanto si ya hemos manejado y puesto en su justo lugar a las emociones, es momento de dar el control debido a las acciones.

Las acciones que los seres humanos tengamos son el reflejo de lo que hay en nuestro interior, por lo tanto una persona que esta siendo dominada por las pasiones, que es lo mismo que no ha podido controlar sus emociones, la primera acción que este debe realizar es en definitiva manejar de manera adecuada sus emociones pero ¿qué más debe hacer alguien que quiere controlar sus acciones? ¡Veamos!

Identifica las acciones que debes cambiar

Esta es la primera tarea, ¿en qué área es que sueles perder el control? En función de esto es que debes entonces enfocar todas tus fuerzas, debes establecer el control de cada una de las situaciones que han llevado a que este problema esté surgiendo.

¿Cuáles son las posibles soluciones?

Al haber logrado la clara identificación de cuáles son las causas detonantes de las acciones indebidas, lo que debes hacer en consecuencia es establecer las posibles soluciones de manera que estas circunstancias no te tomen por sorpresa sino que por el contrario, cuando llegue el momento particular que descontrola la situación ya exista un plan b claramente establecido.

Debes estar alerta a la situación

Todo lo que debes hacer ahora es no dejar que nada de esto te tome por sorpresa, debes anticiparte a las situaciones que hacen que tus acciones se salgan de control, si esto suele suceder ante ciertas situaciones especiales dentro de tu hogar, entonces mantente alerta, si son situaciones particulares que pueden suceder cuando vas en tu coche, no dejes que te sorprenda, conduce con la precaución de lo que puede suceder y detonar las acciones que están afectando tu vida.

Encontramos entonces por medio de todo lo que hemos visto en este capítulo que para ser felices no es necesario que tengamos el control de todas las cosas, pero si es importante que controlemos las que podemos controlar, de nada sirve pasar toda la vida en un constante lamento luchando con hechos que no se pueden cambiar.

Si tu temperamento es sanguíneo, saca provecho de este, no trates de nadar contra la corriente, si tu entorno es un entorno exageradamente violento, practica la armonía, haz lo que tengas que hacer en dirección de mejorar el estado de satisfacción contigo mismo, no hay nada mejor en la vida que hacer el bien.

6

ATENCIÓN PLENA: VALORA TU PRESENTE

No hay peor mal para la vida que afanarse por lo que no existe, en este sentido me refiero a dos cosas que nos roban la tranquilidad, el pasado y el futuro, dos aspectos de la vida que no nos dan muchos beneficios pero que solemos darle tanta importancia que tenemos la tendencia de perdernos algo tan importante como es el ahora.

Bienvenido al capítulo número cinco, en esta oportunidad quiero que podamos hacer una evaluación muy detallada de uno de los elementos que desde la óptica de los postulados de los grandes filósofos de la historia del estoicismo, es el punto clave para una vida completamente equilibrada, se trata del "aquí y ahora".

Es cierto desde luego que no podemos ignorar el pasado, tampoco es correcto olvidarnos que hay un porvenir, pero ¿cuál es la relación que tenemos con estos dos aspectos de la vida? El verdadero problema estaría en la manera en que hemos establecido una relación con estos dos elementos, por ejemplo, vivir anclados al pasado como medio de quejarnos por errores cometidos es un verdadero sin sentido, puede ser que esté bien desde algún punto de vista ver esos errores pero como medio de aprendizaje de lo que no debes hacer, es decir mirar los errores para recordar lo que no se debe hacer.

Otra manera de relacionarse muy mal con el pasado, es añorando situaciones o etapas que desde nuestra óptica muy personal fueron buenas, bien sea una antigua pareja, los tiempos de mi niñez, el barrio en el crecí, una excesiva observancia de estas cosas puede ser una manera muy fácil de perdernos el presente.

Lo mismo puede pasar con el futuro, una persona que constantemente está pendiente de los peligros que pueden acechar en el futuro, de lo que pueda suceder, (ruidos mentales) se mantienen pensando que puede haber una guerra en la que su país puede estar involucrado, si el banco se va a quiebra puede perder su dinero, si va a una entrevista de trabajo le pueden negar el puesto, y así se le escapa el presente sin disfrutar de nada, lleno de los temores que solo hacen ruido y distraen la mente.

Observa el pasado, planifica tu futuro, pero vive en el presente, es la cuota de vida que tienes, entonces es la que debes vivir, vamos a ver a lo largo de este capítulo el valor del presente, pero más aún vamos a aprender a valorar este presente y no dejar que lo demás sea más que un simple recuerdo o un proyecto, pero no lo que se lleve toda tu energía, vamos a enfocar las energías justamente en este preciso instante.

Debes conocerte a ti mismo

No hay manera de disfrutar nuestro presente de no estar seguro de quien somos cada uno de nosotros mismos, por lo tanto esta es la primera tarea, se llama autoconocimiento, vamos a definir mejor qué es. El autoconocimiento es el resultado de un serio trabajo introspectivo, es hacer una evaluación bien detallada de lo que somos en todos los sentidos de la vida, es decir de nuestras capacidades, de nuestras limitaciones, de nuestros errores al igual que las virtudes, y así cada aspecto de la vida que compone nuestra individualidad humana.

¿Por qué es importante el autoconocimiento?

Conocernos a la perfección es la mejor cura contra la frustración, al estar al tanto de nuestras naturalezas nos va a ayudar a mantener una mejor relación con nosotros mismos, y esta desde luego que se puede manifestar en dirección a lo que reflejamos hacia fuera de nosotros.

En definitiva, conocernos a nosotros mismos nos puede ayudar a tener paz en la vida, tener paz con nuestra particular realidad. Ahora bien, aunque conceptualmente esto puede parecer algo sencillo, en realidad puede no serlo tanto, ¿has visto los perfiles de las redes sociales en el que las personas se describen a sí mismas? Casi siempre vas a encontrar ideas como "soy extrovertida, me gusta la música, amo la comida japonesa". Es que autoconocimiento va más allá del solo hecho de almacenar cualquier tipo de información de nosotros.

Importancia del autoconocimiento

Gran porcentaje de todas las cosas que hasta este momento te he venido hablando requieren de este gran paso para lograrlo, es decir, al desarrollar el autoconocimiento estarás dando un avance importante en relación al autocontrol, vas a saber identificar los sentimientos que normalmente te llevan a salir del equilibrio en la vida, de manera que el autoconocimiento es el camino para la regulación de nuestra vida en todo los aspectos.

Pero a pesar que puede no ser tan fácil la tarea de conocernos a nosotros mismos, la manera de hacerlo te la daré en este momento por medio de unos sencillos pasos, presta mucha atención a lo que viene a continuación.

Paso # 1: Elabora una lista de tus fortalezas y debilidades

En esta lista debes reflejar cuáles son tus virtudes, tus defectos, tus habilidades, tus debilidades, las capacidades y posibles limitaciones que haya en tu vida, sin emitir ningún tipo de juicios sobre ningún aspecto de esta lista, solo anota de manera indiscriminada todo lo que venga a tu mente.

Paso # 2: Haz una lista de tus pasiones

Ahora es momento de llevar a cabo otra lista, en esta vas a detallar cada una de esas cosas por las que sientes fuertes motivaciones, es decir, todo aquello que te apasiona, en el plano que esto sea, en lo laboral, en el entretenimiento, en lo social y en cada aspecto de la vida de la vida.

Debes asegurarte que lo que anotaste en tu lista represente de verdad lo que te apasiona, para saber si realmente es una pasión solo debes ver el nivel de seguridad que tienes sobre eso que crees tú pasión, en la medida que dudes de alguno de los elementos, elimínalos, no es una pasión.

Paso # 3: Reflexiona sobre cada una de ellas

Es momento de reflexionar en cada uno de los aspectos que has agregado a la lista, es tiempo de ver cuáles son las cosas que realmente puedes mejorar, las que puedes cambiar y las que son innegociable, observa tus pasiones y todo lo que has hecho en esta lista, y prepárate para hacer los cambios que sean necesario, en función de lograr tu objetivo principal en la vida, "la realización personal".

Camina rumbo a un solo objetivo

Desde luego que no me refiero a un solo objetivo en la vida, me refiero a un objetivo a la vez, recuerda que estamos trabajando en función de ejercer lo que es la atención plena, es decir el enfoque, no sirve de nada querer cambiarlo todo, por lo menos no todo a la vez, por esta razón tras evaluar la lista que acabamos de realizar en el punto anterior, y tras una profunda reflexión de las cosas que merecen y son posibles cambiar, debes enfocar tus energías en lograr cada una de ellas a la vez.

En la medida que te traces la tarea de hacer un cambio a la vez estará más cerca de lograr la regulación de cada una de las cosas que debes cambiar, y desde luego que esta es la manera de enfocar todas las energías en esto, y la garantía de cambio será mucho mayor.

Fíjate el objetivo

El primer paso para lograr un objetivo a la vez será optar por lo que quieres trabajar de ti haciendo un juicio de prioridades, lo que quiero decir es que tienes que lograr establecer cuál es el área de la vida que requiere el cabio de manera urgente, este lo vas a anotar en tu diario de trabajo (este diario es cuaderno o libreta que vas a tomar para hacer un seguimiento de los progresos significativos que hayas podido dar en dirección de tu cambio interno).

Divide el logro en pequeños objetivos

Sería completamente inútil que hagas un edificios sin escaleras ¿no lo crees? De la misma manera es completamente un sinsentido trazarse una meta y verlo como un todo, no es posible lograr el resultado esperado en esa condición, el secreto de lograr el éxito en este tipo de emprendimiento en la vida, siempre va a ser que la meta que se ha trazado sea dividida en pequeños objetivos.

De lo contrario tratar de llegar al último piso de un edificio sin evaluar la dificultad de hacerlo sin escalera será completamente inútil si quiera intentarlo, por esta razón todo edificio entre la planta baja y el último piso hay un grupo adicional de pisos que te harán el trabajo más fácil,

Por lo tanto es importante que hagas de tu propósito un pequeño grupo de objetivos, que en conjunto serán los que te den el resultado final en la meta que te has trazado.

No inicies un nuevo objetivo mientras no hayas alcanzado el anterior

Sigo insistiendo en el factor enfoque, nada vas a lograr si quieres hacer todo a la vez, esto puede generar una especie de efecto embudo, o cuello de botella, es el punto en el que se te van a acumular todas las cosas y finalmente harán un trancón en el que no será posible llevar a cabo progreso en ninguna de las áreas, por ello, antes de tomar otro aspecto de tu vida que requiere de tu atención, y de cambios, debes asegurarte que has culminado el que ya vienes realizando.

A vivir el presente

Después de ver todo lo que hemos manejado en este capítulo hasta ahora, llega el punto más importante, vivir aquí, pero justo ahora, ya mencioné antes, lo importante de este aspecto de la vida, el presente es la única cuota de vida real con la que contamos, por más que queramos abarcar mucho, no podemos acceder a ninguna etapa de la vida más que la que estamos viviendo aquí y ahora.

Hay que ver lo siguiente, vivir en el presente no se trata solo de no ver hacia el futuro o no estar anclado al pasado, al decidir vivir en el presente quiere decir que se trata de disfrutarlo, evitar lo que ya mencione antes que es estar de manera constante lamentándote por cosas que ya pasaron o preocupándote por aquellas que quizás nunca pasen, vivir en el presente es estar consciente, saber que lo que estás viviendo ahora mismo posiblemente lo vas a añorar en el futuro.

Sobre esto último aprender a vivir en el presente es una de las principales tareas que la filosofía estoica nos ha dejado como legado, no obstante quiero darte la oportunidad que reflexiones en ello, voy a cerrar este volumen con un capitulo que va a encerrar estos principios valiosos que nos ha dejado el estoicismo como fundamento, y desde luego como las principales enseñanzas que serán los que encierren el ciclo de lo que necesitas aplicar en tu vida, para cambiar de manera definitiva y lograr lo que realmente significa la superación.

Ya te he mostrado de forma sistemática cuál es la manera en la que puedes darle el valor al presente que realmente tiene, además de darle el valor has podido aprender cómo vivir de manera que puedas sacar el mayor provecho de esto, es momento de dar las herramientas finales que el estoicismo nos ha permitido recibir como herencia, ¡veamos!

7

GRANDES LECCIONES DEL ESTOICISMO: EL SECRETO DE LA FELICIDAD

Cuando empezaste a leer este libro te has encontrado como punto de partida con un análisis sobre lo que es la felicidad, en consecuencia quiero que cerremos con la siguiente pregunta: ¿Qué es la realización personal? Pero además hay otra interrogante que quiero dejar despejada ya cuando estamos entrando en la recta final ¿cuál es consecuencia de cuál?

Entre las cosas que dije a principio estaba la idea que la felicidad no es un fin sino un medio, por lo tanto es normal que evaluemos el "para qué", es decir, a dónde es que dirige la felicidad. Todas estas interrogantes hacen necesario este capítulo, la manera de lograr la realización personal es siendo feliz.

La realización personal es la posibilidad de vivir una vida que pueda de manera fácil ser considerada como una vida plena, ya hemos descubierto tras lo que hemos aprendido en los capítulos anteriores, cuáles son las características que nos diferencian del resto de las personas, por lo tanto sabemos cuáles son las pasiones, cuáles son las capacidades, las virtudes están al descubierto, y sabemos todo plenamente de nosotros, estar realizado es tener la vida en una armonía perfecta entre cada una de esas cosas y estar ejecutando lo que realmente te apasiona en la vida mientras explotas cada uno de los talentos que hay en ti.

Por esto mismo te dije que no hay sentido en nadar contra la corriente, si tu diseño personal siente satisfacción tocando el violín, la plenitud la vas a encontrar siendo el mejor violinista que decidas ser. Solo resta una sola cosa, ver los pasos necesarios para que, tras ver cuáles son los talentos, las virtudes, y tus pasiones, puedas sacar el provecho hoy, justo ahora y lograr que la superación personal deje de ser un trofeo que este en la cúspide de una montaña, y se convierte en el vino que disfrutas y saboreas en este mismo instante.

Cada nuevo día es una nueva oportunidad para empezar

Alguna vez escuche una canción creo que en el plano religioso que decía algo como "ayer ya paso, mañana no sé si vendrá el día que debo vencer es el día de hoy" la verdad ni siquiera sé en qué termino lo decía, ni cuál era el contexto de la canción, solo sé algo, hay una gran verdad en ello, en esa misma dirección el estoico Seneca decía, "comienza a vivir y que cada día cuente como un nuevo comienzo".

No importa cuán duro pudo ser el día de ayer, qué más da si los resultados no son los esperados, al salir el sol se te está entregando en las manos una nueva página en la que podrás escribir una nueva historia, solo debes asegurarte de sacarle punta al lápiz, y la historia que vayas a escribir este día sea diferente a la de ayer.

La conciencia del pensamiento

Uno de los más insignes personajes de la filosofía estoica, el emperador romano Marco Aurelio enseño sobre esto: "si te angustia algo externo, en realidad no es eso lo que te angustia, sino la estimación que has hecho sobre ese asunto", en este pensamiento se encierra uno de los grandes principios del estoicismo, la forma en que normalmente pensamos o aquello que creemos sobre ciertos asuntos, están fundamentados mayormente es en lo que hemos creído o decidido creer sobre ello.

Aún recuerdo como aquella niña que estaba atormentada por que vendría el fin del mundo y seria castigada por los terribles pecados que había cometido (aunque con sus 9 años no se daba por enterada cuáles eran los pecados), todo lo que había sobre esta niña era una estimación errónea sobre alguna lectura que alguna vez escuchara que alguien hizo en asuntos de religión, solo requirió un poco de explicación y algo de comprensión sobre este asunto para descubrir que todo lo que había en su mente, no era más que apreciaciones incorrectas sobre lo que había escuchado.

Ya no hay ninguna dificultad que pueda sacar tu vida del centro, solo necesitas entender cuál es el verdadero trasfondo de las situaciones que ocupan tu mente, y cambiar los paradigmas que te has hecho respecto a eso.

Acción propuesta

No tener la claridad de lo que quieres y debes hacer es el perfecto camino hacia ninguna lado, vivir el presente, ver el sol de la mañana y no saber de inmediato que es lo que sucederá ese día, es el error que puede mantener a las personas caminando por mucho tiempo sin llegar a ningún propósito, el estoico Seneca lo dijo de esta manera "un barco que no sabe a qué puerto navega, ningún viento le resulta favorable". Recuerdo una de las hermanas de mi padre estudio de todo, hizo cursos de manualidades, la repostería, hizo un pregrado en sistema y unas cuantas cosas más que ya no recuerdo en realidad.

Los años han pasado y la tía sigue intentando aprender cosas nuevas porque en realidad le cuesta mucho trabajo enfocarse en una sola cosa, no importa cuántas cosas en la vida te propongas ni importa cuánto quieras (desde lo irracional) hacer, lo que realmente marcará la diferencia entre vivir realmente en el presente, y eliminar lo superfluo de la vida, es estar enfocados cada día.

Todo tiene su tiempo

El sabio Salomón indicó que lo que se quieras realizar debajo del sol tiene un momento y una hora, de manera que la paciencia es el árbol cuyos frutos te permitirá llegar a buen puerto en la vida, pero debes saber una cosa, la paciencia no es enemiga de la productividad, mucho menos de la sana ambición, la paciencia es el ingrediente perfecto ante la proyección en la vida.

Querer hacer todo rápido, intentar llegar a la meta tomando atajos constantemente solo te llevará a correr los más grandes riesgos en la vida, estarás comprometiendo la calidad, pondrás en peligro tus proyectos, así que ve un paso a la vez haciendo lo que es debido ante cada paso.

Quizás menguante no ha llegado, pero si tiras la semilla fuera de tiempo por el simple hecho de querer ver frutos rápidos vas a perder el tiempo y perderás la semilla, lo mismo sucede si cosechas fuera de tiempo, solo dañaras el fruto.

La felicidad es el medio

Como lo dije al principio y lo he reiterado en varias oportunidades, no se trata de hacer cosas para llegar a ser feliz, se trata simplemente de ser feliz en el día a día, es disfrutar de todo lo que tienes a tu alrededor, de caminar pacientemente hacia los objetivos mientras disfrutas el camino, en esta dirección uno de los planeamientos del filósofo Seneca dice lo siguiente, "la verdadera felicidad es disfrutar plenamente el presente, sin depender ansiosamente del futuro".

En conclusión mi estimado amigo y muy apreciado lector, ser feliz y lograr la superación es vivir en el presente, pero vivir en plena armonía con todo cuanto nos rodea, con nosotros, con nuestro entorno, con el universo, aceptando con respeto y con actitud adecuada cualquiera sea la situación que se presente, logrando acumular grandes sumas de dinero, o viviendo en la más normal y simple de las modestias, solo que todo cuanto hagas cumpla con tus propósitos personales pero sobre todo te dé paz, y la paz no quiere decir que no se presenten obstáculo para lograr ciertas metas, lo que en realidad esto quiere decir es que pese a la adversidad que esto pueda representar, igualmente puedas dormir en paz esta noche.

Aprende a aceptar la muerte

Sorprendentemente, el único tema que nunca podremos evadir de la vida será la muerte, sin embargo es igualmente sorprendente lo difícil que suele resultarnos hablar sobre este asunto. Si hay algo que pertenece a todos y que tenemos todos los seres vivos en común es la certeza que tarde o temprano vamos a morir, sin embargo, la relación que culturalmente tenemos con este asunto es realmente complicado.

El grueso de los temores que tenemos en la vida es el temor a la muerte, cada vez que una persona activa el miedo y en consecuencia se pone en modo de defensa, todo lo que está haciendo es resguardar la vida, sin embargo, aunque hayas resucitado de entre los muertos, en algún momento volverás ahí.

Este es una de las enseñanzas más importantes del estoicismo para poder permanecer en el presente, vivir el aquí y el ahora y no perder la oportunidad de disfrutar cada instante de la vida, los estoicos no tenían ningún complejo con encontrase cara a cara con la muerte y aceptar el designio de la vida sin ningún problema, Leonardo Da Vinci lo dijo así, "de la misma forma en que una buena jornada te dará un dulce sueño, una vida bien vivida te dará una dulce muerte" morir bien requiere vivir bien, comienza ahora.

Son estos los principios más importantes del pensamiento estoico y son el compendio perfecto para que puedas completar todo el trabajo que ya desarrollé en todo lo largo de este libro, solo quiero que cada una de las ideas que te he planteado en este capítulo la puedas tomar como medio de reflexión y que sobre ellas medites a diario, la vida es más disfrutable de lo que hasta ahora hemos podido disfrutarla, si hacemos un análisis de seguro que más que felices hemos estado conformándonos solo con momentos de alegría, pero la felicidad es la plenitud y la plenitud se alcanza con la práctica de las virtudes los pasos para ello lo tienes aquí.

8

CONCLUSIÓN

A pesar que cada persona puede tener su propia definición sobre la superación personal, y muy a pesar además de lo que cada quien pueda estar realizando en la vida a fin de lograr lo que este tenga definido como felicidad, posiblemente no haya un solo ser humano que no piense en la posibilidad de realizarse en la vida, salvo algunas muy exclusivas excepciones, y salvo desde luego de las diferencias en cuento a la estructura mental y cultural de cada individuo, todos vamos caminando hacia esos rumbos.

No obstante, es muy normal que un gran número de personas, tras llegar a sus años maduros y cuando son arropados por la vejez, muchos suelen reflejar de alguna manera un tipo de insatisfacción por lo que vivieron, la pregunta es, ¿qué se necesita para lograr la plena satisfacción?

A pesar que la mayoría suele asegurar que está convencido de saber qué es lo que necesita para ser feliz, y que es lo que debe llevar a cabo en la vida para lograr la superación personal, los números de personas insatisfechas en el mundo son mayores.

Es normal escuchar frases como "la felicidad no es para mí" o "siempre algo se interpone entre la felicidad y yo", esto es consecuencia directa de la percepción errónea sobre la felicidad, lamentablemente las personas se mantienen esperando que la felicidad llegue de algún lado, y en ese sentido ha sido el enfoque general que le han dado a la vida en cada uno de sus aspectos.

Quien busca pareja busca la felicidad, quien busca un empleo busca la felicidad, quien quiere una carrera profesional es que busca la felicidad, y el que aspira un buen puesto dentro de la empresa quiere una cuota de felicidad, por ello hay tantos divorcios y sentimientos de frustración en muchas personas, mientras te mantengas buscando la felicidad en cualquier cosa menos en ti a ningún lugar vas a llegar.

En alguna oportunidad me tocó estar presente

cuando un joven fue a casa de un gran amigo mío a pedir la mano de su hija, para mí fue un momento muy incómodo y desee no estar ahí, pero la lección que estaba a punto de aprender sería más que suficiente para que estar ahí valiera la pena.

Recuerdo que una de las cosas que este joven le dijo a mi amigo, "yo quiero hacer a su hija feliz" mi amigo le respondió, que si era eso lo que quería darle a la hija podía irse tranquilo y no volver, ella es una chica feliz, y la hija asintió con la cabeza y una cara de picardía.

Hemos aprendido una montaña de frases románticas sobre la felicidad y la superación personal, que no guardan ningún tipo de realidad con la verdad, y que en lugar de aportar algo en función de la verdadera felicidad lo que termina es por alejar a la persona de ella.

En este volumen me he empeñado en deslastrar el concepto de felicidad de toda idea sin sentido en torno a ella, he dado todo por que puedas encontrar y tener una verdadera interpretación sobre este asunto, y en consecuencia puedas enfilar tus pasos hacia lo que representa la felicidad en el correcto sentido de la palabra, pero partiendo desde una de las escuelas filosóficas cuyo pensamiento guarda unas de las enseñanzas más destacadas e importantes además de certeras respecto a lo que es la felicidad.

La escuela estoica es un sistema de pensamiento que tiene una estructura doctrinal que no precisa de ningún tipo de dogmatismo para abrazarte a sus preceptos y ver en la vida real, cómo sus principios pueden ser el comienzo de una nueva vida, de realización verdadera y autentica felicidad.

No obstante quise empezar este volumen regalándote un recuento algo resumido pero muy completo sobre la historia de la escuela filosófica fundada por Zenón, en el primer capítulo te dejé la reseña histórica, la evolución y como esta escuela paso de ser un grupo de pensadores que se paraban a refutar antiguas escuelas de pensamiento donde incluso este hizo vida antes, dando sus discursos y estableciendo sus teorías respecto a las cosas más importantes de la vida, llegó a convertirse en una de las escuelas de pensamiento más importante de su tiempo y de los años siguiente a su muerte

Fue tal el impacto de esta escuela que el imperio romano que era un imperio naciente por aquellos años, adoptó la estructura de pensamiento de Zenón y toda su doctrina como modelo filosófico oficial, y esto fue así durante muchos años, casi 500 años de historia encierra una de las escuelas de pensamiento más importante de todos los tiempos, pero lo más importante es que su pensamiento no solo perdura, sino que la vigencia que posee ha quedado demostrado a lo largo de todo este libro.

Luego te he mostrado la realdad de lo que es el pensamiento positivo y por medio de la doctrina filosófica de los estoicos pudimos cambiar todo un paradigma que se ha formado o se ha querido formar alrededor de este tema, ¿Qué es el pensamiento positivo y sus verdaderas características? Esas interrogantes y muchas otras han sido aclaradas en este capítulo, con la intención de demostrar que la verdadera mente positiva no consiste en una idea absurda de negar que las cosas "malas" puedan suceder.

La verdadera mente positiva consiste en tener una mejor relación con esas situaciones normales de la vida que son dolorosas, que llore si hay que llorar, y sienta el dolor que deba sentir, pero luego hay que dejarlo pasar de largo y así seguir con nuestras vidas.

Para poder establecer esta relación saludable con las circunstancias adversas de la vida, es preciso entonces entender lo que realmente es algo por lo que hay que llorar o sufrir, o si en realidad solo se trata de una cantidad de ruido que está ocupando tu mente y te hace ver como sufrimiento lo que en verdad no lo es, por ello en el capítulo tres te hablé de lo que es la claridad mental, punto por punto de dejé completamente claro lo que son los ruidos mentales incluso te enumeré una serie de dichos ruidos.

Como despejar estos ruidos fue lo que quise enseñarte y de hecho te dejé completamente explicado en el siguiente capítulo donde pudiste ver en base a ciertos principios de la filosofía estoica cómo lograr el silencio en la mente pero además los beneficios de dicho silencio, finalmente te dejé los pensamientos más importantes del estoicismo que son los últimos detalles que te harían falta para establecer en tu vida la verdadera felicidad, la verdadera realización personal lo qué es el objetivo fundamental que me tracé al desarrollar todo este trabajo.

Es momento de comenzar a disfrutar del silencio en la mente y ver todo claro, borrar todo ese ruido de la mente y comenzar a vivir una vida al estilo de los grandes pensadores estoicos, es que ser feliz es completamente posible.

www.ingramcontent.com/pod-product-compliance
Lightning Source LLC
Chambersburg PA
CBHW031128020426
42333CB00012B/277